永続的な安らぎと幸福へのダイレクト・パス

気づいていることに
気づいている

ルパート・スパイラ 著

福田カレン 訳

ナチュラルスピリット

BEING AWARE of BEING AWARE
by Rupert Spira

Japanese translation rights arranged with SAHAJA PUBLICATIONS
through Japan UNI Agency, Inc., Tokyo

私自身を探し求め、神だけが見つかった
神を探し求め、私自身だけが見つかった

スーフィーの格言

目次

謝辞

本書に含まれる瞑想の文字起こしをしてくださった方々、特にエド・ケリー、ウィル・ライト、テリ・ベネット、ミシェル・パイク、キャサリン・サンチェス、ジョージ・メルカダンテと、本書の制作について様々な形で貢献してくれたエレン・エマー、リンダ・アルザーニ、ジャケリーン・ボイル、ロブ・ボーデンに謝意を表します。

読者のみなさまへ

本書でご紹介するのは、過去数年間の集会やリトリートで行った誘導瞑想の書き起こしです。誘導瞑想は自然発生的にもたらされることから、重複を避ける目的で、また話し言葉から書き言葉へ置き換える目的で、編集が施されています。

瞑想は言葉と言葉の間に生じます。ですから、ご紹介する文章と文章の間には、本来長い沈黙がありました。沈黙があることによって、聞いている方々がそれぞれに言葉の意味を自らの経験として感じ取ることができます。この本では、段落をつけ、章や項を設けることで、読者のみなさんも同じように瞑想することができるよう工夫されています。

はじめに　幸せへの直感

私たちの誰もが、他の何よりも幸せを望んでいます。他人を慮ったり、個人を越えた幸福を考えた上で、幸せを受け取らない選択をする場合もあるかもしれませんが、最終的にはそうすることが幸せをもたらしてくれるためにそうしています。

ほとんどの人は、幸せを手に入れるという願望を満たすため、対象、物質、活動、心《マインド》の状態、人間関係といった領域を絶え間なく探し回っています。この探求は時に、幸福を脅かす誰かや何かへの抵抗という形を取ることもあります。このように、ほとんどの人にとって探求と抵抗は、思考と感情、それに伴って生じる行動や人間関係を支配する主な衝動なのです。

探求と抵抗はどちらも活動で、その根底には欠乏や苦痛の感覚があります。欠乏や苦痛が探求や抵抗として表現されるのです。しかし多くの場合、何が苦痛の源なのかと自問することはせずに、苦痛によってもたらされる不快感から逃れることしか考えません。対象、物質、活動、心の状態、人間関係を手に入れることで、不快感から逃れようとするのです。苦痛の源は何なのかと自分に問いかけさえすれば、探している対象や経験が欠乏していることや、避けようとしている状況に直面しているとわかるはずです。また、この問いかけによって、原因となっている物事の本当の源にまで遡っていないことに気がつくかもしれません。

私たちは、幸せとは客観的な経験をすることだと思い込んでいますが、そこにはまったく根拠がないわけではありません。幸福が対象に付随するというのは、普遍的とさえ言うことのできる考え方になっていますから、望み通りの対象を手に入れようとし、不快な状況を避けようとします。そうすれば、少なくとも一時的には幸せを経験できるからです。

しかし、対象や状況を手に入れることや避けることは、そうした活動の根底にある苦痛を一時的に休止させることにしかなりません。一時的な幸福しかもたらしてくれないのです。根底から苦痛をなくすことにも、永遠に苦痛をなくすことにもならず、できるのは覆いをかぶせて見えないようにすることだけなのです。

幸せが消え、根底にあった苦痛がまた戻ってくるとすぐ、対象、物質、活動、心の状態や人間関係への願望が生じますし、避けようとしていた状況は再び起きてきます。

すると、幸せという経験をもう一度味わえるかもしれないという期待を胸に再び探求に乗り出すか、望み通りではない形を取って表現された客観的な経験を否定します。こうして終わりのない欠乏のサイクルに中毒し、探求しては一時的に充足することを繰り返すようになります。多くの人にとって、このサイクルを繰り返すことが人生そのものになってしまい、ヘンリー・デイヴィッド・ソロー（訳注：一八一七年生まれのアメリカの思想家）が述べたように「静かなる絶望に導かれて」いくのです。

多くの人々は、このような絶望をうまくやりすごしています。物質という薬を投与したり、あるいは対象を手に入れることによって麻痺させたり、心をエキゾチックな何かに向けることによって迷走させたりしています。何らかの活動や人間関係によって、絶望から目をそらしているのです。

しかし、ある時点で自然発生的に、あるいはほとんどの場合は本を読んだり友人と会話するうちに疑問を持つようになります。求めてやまない継続的な安らぎや幸福の源は、客観的な経験をすることで本当に得られるのかという疑問です。直感とも言えるこの疑問をたぐり寄せるよりずっと前に、絶望し、希望のない状態になってしまうこともあるでしょう。

この本を読んでいる方々も、こうした経験をしているかもしれませんが、客観的な経験では安らぎと幸福への欲求は満たされないとわかっているか、少なくともそれに類する直感を得ているでしょう。客観的な経験に自らのアイデンティティや安全、幸せを投資しても、それに見合うだけの安らぎと充足を得ることはできないからこそ、この本を手に取ったはずだからです。

このような理解と直感を得ることは、人が持つ可能性のある最も深遠かつ不穏な認識の一つであり、それが危機感を引き起こして結果的に探求に乗り出すことになるのです。この本は、こうした探求に解決策を提示することを目的としています。

＊　＊　＊

客観的な経験からは安らぎも幸福も得られないとわかると、そこに永続的な願望を投資することはもうできなくなってしまいます。それまでの確信が揺らぐのです。それでも忘れたり無視したりして、結果的に充足感を求めて客観的な経験に繰り返し戻るかもしれませんが、私たちの理解はより頻繁かつ強力に印象付けられており、その否定も避けることもできない真実は、ますます明確に主張をし、聞き入れられることを求めます。私たちは無謀にもこの直感に背を向けています。

伝統ある宗教やスピリチュアルな実践も、客観的な経験の一つです。外的な神や教師、マントラや呼吸など、多かれ少なかれ微細な対象に注意を向けることが含まれているからです。それらが安らぎと幸福を手に入れる手段になる可能性もないとは言えませんが、万が一徒労に終わった場合、心に残された道は一つしかありません。心を心自体に向け、その根本的な性質を探求するのです。

瞑想や祈りの本質は、心を客観的な経験から生じる中身から引き離し、その源や本質に向けるところにあります。「自己想起」「自己探求」「自己停留（self-abidance= 自己に留まっていること）」、あるいは「明け渡しの道」などがその方法で、いずれも「内へ向かう道」である点が共通しています。この本で扱う「ダイレクト・パス」（直接的な道）は、これらの方法の頂点に位置します。

それは「放蕩息子」（訳注：新約聖書ルカの福音書に登場するたとえ話）で語られている過程であり、息子は父親が築いた王国の安全と快適さを後にして、世界や客観的な経験が提供するであろう快楽や満足という可能性を探す旅に出ます。最終的に手に入れたのはその無益さと、父親に象徴される幸福の源に向き直ることでした。実際のところ、それはいつもすぐそばにあったのですが、経験というドラマに魅了されている間は、手の届かないものであるかのように見えていたのです。

このように、諦め手放すこと、別の言い方をするなら自らに向きを変えることによって、苦しみに取り付かれている状態を終わらせ、苦しみの本質に関心を持つようになります。経験の対象から自らへと向き直り、経験する者の本質を探求し始めるのです。

このような探求において心がするのは、知ることの光を経験という対象から自らの本質へ向け直すことです。徐々に、場合によっては突然、心に課せられた制限が取り除かれ、それまで客観的な経験の中に探していた安らぎと幸福が露わになります。

安らぎと幸福は客観的な経験ではなく、まさに心自体の本質ですから、時と場合によってあったりなかったりするようなものではありません。幸福は私たちの根本的な性質にもかかわらず、客観的な経験から生じる騒がしい声によって見かけ上で不明瞭になったり陰ってしまいますが、だとしても、完全に失われてしまうことは決してありません。

それにはこのような理由があります。主な宗教やスピリチュアルな伝統はすべて、継続的な安らぎと幸福という人生の究極のゴールは私たちの内にあり、いついかなる状況でも、誰もが等しく入手可能であることを何らかの形で指し示しているからです。

＊　＊　＊

「安らぎと幸福は私たちの根本的な性質です」という宣言に対して異議を唱える人もいるでしょう。もしそれが本当に私たちの根本的な性質であるのなら、なぜ他の経験と同様に時々しか経験できないのか、幸福も不幸も、生じ変化する客観的な経験ではないか、と言うのです。

ある曇りの日、空が一面の灰色の雲に覆われていると想像してみましょう。ある時点で、青い小さな斑点が現れると、間もなく他にも小さな斑点が無数に現れますが、それぞれは繋がりがないように見え、灰色の雲の広がりの中に見え隠れします。

一見したところ、空の自然な状態は無限に広がる灰色の雲であり、青い斑点はその中に現れた限定的で一時的なものだと思い込んでもおかしくありません。青い斑点を調べて初めて、実際には灰色の雲が一時的に現れては消えたりして、常に存在する青空の広がりへの窓のようなものであることが明らかになるのです。

同様に、安らぎと幸福の瞬間は、私たちの自然な状態を一時的に中断させるように見えるかもしれません。というのも、多くの人は欠乏や不満を抱えているのが当たり前になっているからです。しかしながら、もし心*の本質について深く調べるなら、つまり心が自らの根本的な性質を、思考、感情、感覚、知覚の層を通して根本的で還元できない現実に至るまで遡って調べるなら、そこには常に安らぎと充足があります。

＊この文脈での「心」は「経験」と同義語で、すべての思考、心象、感情、感覚、知覚を含みます。

当初、幸福は曇り空の隙間から顔をのぞかせる青空のように一時的な経験にすぎず、時折現れるだけかもしれません。しかしよく調べてみれば、経験の背景として常に存在していることがわかるでしょう。

幸福とは、一時的に不幸に取って代わる経験ではないのです。青空が雲の「向こう側」(opposite) にあるように、幸福は単なる不幸の「反対語」(opposite) ではありません。雲が青空を覆い隠しているように、不幸が幸福を覆い隠しているだけなのです。

幸福は私たちの本質ですから、心の源でもあり私たちの核心として、条件や状況に依存せず常にあるものです。また獲得されるものではなく、明らかにされるだけです。

幸福は、客観的な経験として知ることができるようなものではなく、私たちはただそう「ある」ことしかできません。私たちは不幸で「ある」ことはできず、客観的な経験として知ることしかできません。

＊　＊　＊

私たち自身の源や本質である安らぎと幸福にアクセスしようとする試みにおいて、瞑想へのほとんどのアプローチは、心をコントロールし、集中し、観察することを推奨しています。しかし、本書のアプローチはそれらと異なり、瞑想は経験を変えることではなく、むしろ根本的な性質を明確に見ることです。

内へ向かう道であるダイレクト・パスは、心の注意を客観的な経験から引き離し、自らの本質や現実へ向かわせますが、私の経験では、最もそれを詳述しているのがヴェーダーンタの伝統であり、哲学としても、内へ向かう道の実践としても非常に精確です。ヴェーダーンタの伝統は、根本的かつ還元不可能な心の性質や、永続的な安らぎと幸福の源へ至る直接的な方法を示しています。

とはいえ、何世紀にも渡って受け継がれてきたヴェーダーンタの手法は、人々が理解できる水準に合わせて、あるいは文化的な条件付けに合わせて調整され、結果として、本質的ではない要素が混在するようになったのは否めません。

この本では、私の力の及ぶ限りヴェーダーンタの手法を純化し、私自身を始め多くの人々が初めて遭遇した時に感じた、東洋の伝統の文化的パッケージを取り除きました。もちろん、この本もまた現代という文化的な条件付けの影響下にありますが、読者のみなさんの多くもその条件付けを共有していますので、そのためにお伝えする内容が曖昧になったり、神秘化されてしまうといった可能性はほとんどありません。

私にとって最初の師であるフランシス・ロールス博士は、かつて私にこう言いました。「真実は世代ごとに再構成されるべきである」。私は本書で、物理的にではなくとも知的に東洋を旅したものの、非二元を理解することのシンプルさを、それを覆い隠している豊かでエキゾチックな概念から解放することが難しいと思っている人々に、また同様にこれまでの宗教やスピリチュアルな教えに縛られない新しい世代の真実の探求者のために、ダイレクト・パスが再構成されることを願っています。

ぜひご理解いただきたいのは、この本で探求する「内へ向かう道」は、旅の半分でしかないことです。根本的で還元不可能な心の本質を認識し、生来の安らぎと無条件の喜びにアクセスした後には、再び「外向き」の客観的な経験へ向き直り、考え方や感じ方、そしてその後の行動、知覚、関係のあり方を、新しい理解に合わせて再調整する必要があります。

内へ向かう道の頂点は、すべての知識と経験を超越する気づきの存在、優位性、本質、あるいは宗教的な言葉を使うなら、「スピリット」や「無限の神の存在」を認識することです。しかし、気づきそのもの、あるいは「無限の神の存在」が、すべての知識と経験に浸透、飽和し、実際にそれが唯一の実質であり現実であると知られ、感じられるだけでは、まだ完全な経験的理解ではありません。それは気づきの超越性を認識することであって、その内在性を認識することではないのです。

このような理解を、客観的な経験と再統合しない場合には、純粋な気づきという私たちの根本的で還元不可能な性質と、あらゆる対象や他者との結び付きが不安定なまま存続します。すると、世界において具現化した人生を否定し拒絶することになり、分離した自己の感覚をいつまでも引きずることになりかねません。

この再統合や確立が起こる過程は、内へ向かう道やヴェーダーンタの伝統に暗黙的に含まれていますが、私はタントラの伝統が最も緻密に取り扱っていると考えています。ただしタントラはこの本では扱いません。*

＊再統合の過程に関してより深く探求したい方は、瞑想に関するこの本とは別の著書『Transparent Body, Luminous World – The Tantric Yoga of Sensation and Perception（透明な肉体と光の世界—感覚と認識のタントラヨガ）』（Sahaja Publications　未邦訳）をご参照ください。タントラの伝統において、再統合の過程がどのように論じられているかを知りたい方は『The Nature of Consciousness – Essays on the Unity of Mind and Matter（意識の本質—心と物事の統合に関するエッセイ集）』（Sahaja Publications と New Harbinger Publications　未邦訳）をご参照ください。

本書はThe Essence of Meditation（瞑想の本質）シリーズの一冊です。このシリーズでは、気づきと客観的な経験の間に横たわる明白な区別を崩壊させるべく、探求を進めていきます。特に本書では、気づきそのものの存在、優位性、本質を見出すことに集中し、気づきに備わる不変の安らぎと無条件の喜びという本来の特質を解き明かしたいと思います。

第1章　知っていることと、気づいていることや気づきそのもの

すべての客観的な経験[*]は、知られています。私たちは、自分が経験していることに気づいています。経験していると知らないで、あるいは気づくことなくして、経験をすることはできません。今考えていること、子供の頃の記憶、情動や感情、痛みや空腹といった感覚や、通りを車が行き交う音やその様子、窓から見える景色といったすべてを、私たちは知り、経験しています。どのような経験にも「知っていること[#]」や「気づいていること」が存在するのです。

＊この文脈での「経験」とは、思考や心象、記憶、感情、感覚などの内的な経験と、明らかに外的な世界の知覚、つまり景色、音、味、手触り、匂いなどの両方を指します。これらをまとめて「対象」あるいは「客観的な経験」と表現しています。

#この本で「知っていること」という言葉を使う場合、気づいていること、気づき、あるいは意識と同じ意味で用いています。概念的な知識を意味するのではなく、何について知っているのか、どのような物事を経験したのかといったこととは関係のない、ただ「知っている」という経験そのものを意味します。

落胆や寂しさ、悲しさ、うれしさ、安らぎを感じている、恋に落ちた、不安だ、退屈だ、嫉妬している、動揺している、幸せだなどといった場合も、私たちはそうであることに気づいています。考えている、食べている、歩いている、車を運転している時も、踊ったり、勉強したり、夢想し幻覚を見ている場合でさえ、そのことに気づいています。考え、感じ、知覚していることや行為が何であれ、私たちは気づいているのです。

知識や経験の内容とは関係なく、私たちは知っていることや経験していることに気づいています。

つまり、すべての知識や経験が変化しようとも「知っていること」と「気づいていること」

は継続的な要素なのです。目が覚めている時、夢を見ている時、眠っている時という三つの状態においても同様に「知っていること」と「気づいていること」は継続しています。他に、継続的な経験の要素はありません。

ただ実際のところ、「気づいていること」は時間の経過の中で継続しているのではありません。時間とは関係なく、常に存在しているからです。とはいえ、心《マインド》は時間というものがあると固く信じていますから、時間があると仮定した上で話を進めるなら、「気づいていること」はすべての経験における継続的な要素なのです。

思考や心象、感情、感覚、知覚といった客観的な経験はすべて、現れたり消えたりしますが、「知っていること」や「気づいていること」は、現れたり消えたりするようなものではありません。それは経験がどう変化しようと、常に存在しており、映画の上映中はずっとスクリーンがあり続けるのと同じです。

「知っていること」と「気づいていること」は、私たちにとって非常に馴染み深く、すべての経験に行き渡っていますが、特別な経験をしたからといって変化することもありません。

思考、感情、感覚、知覚は、人生を過ごす中で数えることなど到底できないほど幾度も変化しますが、それらが知られている「知っていること」、つまり「気づいていること」というシンプルな経験は、変化することがありません。

知識と経験は変化し続けます。「知っていること」と「気づいていること」は変化しません。

知られたことは常に変化しています。「知っていること」は変化しません。

＊　＊　＊

「知っていること」と「気づいていること」は、気づいているスクリーンと映画の関係と同じく、あらゆる知識や経験と関係性があります。ソファーに座って観ているテレビの画面とは異なり、純粋な「知っていること」や「気づいていること」である気づいているスクリーンは、その上で展開している経験という映画を観ているのです。

「知っていること」や「気づいていること」は、手の届かないものではありませんし、未知でもなく隠されてもいません。映画の背景としてのスクリーンがはっきり見えているのと同様に、それはあらゆる経験の背景として、くっきりと輝いています。

とはいえ、映画を上映している間、私たちは映画のストーリーに気を取られ、スクリーンを見過ごしがちであることは確かで、そのために私たちは経験という対象に注意を集中しがちで、「知っていること」と「気づいていること」、そして気づきそのものには注目しないことが多いのです。

「知っていること」と「気づいていること」は、特定の条件や経験の質に依存するものではありません。心地良い経験か、不快な経験か、善か悪か、正しいか間違っているかなどにかかわらず、あらゆる経験において等しく輝いていて、ちょうど、映画の内容に関係なく、すべての映画においてスクリーンがあるのと同じです。

「知っていること」と「気づいていること」は、経験における根本的で還元不可能な要素です。それは経験の基本です。「知っていること」と「気づいていること」は、取り除くことができない経験の要素なのです。

「知っていること」と「気づいていること」が経験から影響を受けることはありません。移動することも、変動することもありません。「知っていること」と「気づいていること」は、経験にあって唯一の安定した要素です。

「知っていること」と「気づいていること」は、あらゆる知識や経験の主要な因子です。「知っていること」と「気づいていること」は、すべての知識や経験が生じる背景です。

「知っていること」と「気づいていること」は、あらゆる経験がその上に、あるいはその中に現れる媒体です。あらゆる経験を知っているだけではなく、究極的にはあらゆる経験が生じる実質であり現実です。

「知っていること」と「気づいていること」は、あらゆる知識における知ることの要素です。「知っていること」と「気づいていること」は、すべての経験における経験することの要素です。

＊　＊　＊

映画が上映されている間、スクリーンはずっとそこにありますが、映画がスクリーンを対象化することはなく、同じように「知っていること」と「気づいていること」も知識や経験によって対象化されることはありませんが、知識や経験の中にあって輝いています。

思考、感情、感覚、知覚が客観的な経験であるという意味において、「知っていること」と

「気づいていること」自体は客観的な経験ではないにもかかわらず、「私たちは気づいていることに気づいています」。したがって「知っていること」と「気づいていること」には客観的な性質はなく、そうでありながらも私たちは知っているのです。

私が「知っていること」と「気づいていること」の「経験」に言及するのは、この文脈においてです。とはいえ、あらゆる客観的な知識や経験と区別するために「知っていること」と「気づいていること」は「非客観的な経験」と呼びます。

「知っていること」と「気づいていること」自体は客観的な経験ではありませんが、それなしにはどのような経験もすることができません。経験を可能にするものでありながら、それ自体は経験ではないのです。

「知っていること」や「気づいていること」は、非客観的で透明、無色です。見かけ上の対象としては空っぽですが、それ自体だけで満ちているのですから、他にはないユニークな経験だと言うことができます。対象として知ることはできませんが、それでも未知ではないのです。

経験における最も明白な要素でありながなら、最も見過ごされているのが「知っていること」や「気づいていること」だと言うこともできます。

カシミール・シャイヴィズム（訳注：カシミールのシヴァ派という意味の非二元思想の一派）ではこう説明されています。「偉大な秘密は、最も厳重に隠匿されたものよりも隠匿され、そうでありながら最も明白なものよりも明白である」。

＊　＊　＊

「知っていること」と「気づいていること」を認識するために必要な条件はありません。「知っていること」と「気づいていること」の経験を認識するために特定の資格や知性のレベルが必要だということもありません。

「知っていること」と「気づいていること」の経験を認識するためには努力が必要だということもありません。映画を観る時にスクリーンを見るのと同じだからです。

「気づいていること」という経験に気づくため、思考をコントロールする必要はありませんし、姿勢を正して座ることも、瞑想と呼ばれるような実践も必要ありません。「気づいていること」という非客観的な経験は、最もシンプルで、最も親密で、明白で、経験という自明の事実なのです。

「気づいていること」という経験は、私たちが気づいている他のどのようなこととも異なります。非客観的な「気づいていること」という経験は、何かから影響を受けることはなく、ちょうど、上映中の映画によってスクリーンが影響を受けることがないのと同じです。

単に「気づいていること」の背景に注目するために、経験を何らかの形に変える必要も、操作する必要もありません。怖れている、退屈している、動揺している、元気をなくしている、恋に落ちている、安らぎにあるといった場合でも、「気づいていること」という経験はずっと同じままです。

私たちが許可しない限り、映画の中の特定の出来事がスクリーンを不明瞭にすることはできないのと同じように、私たちが許可しない限り、どのような経験も「知っていること」や「気づいていること」という経験を覆い隠すことはできず、そのように見えることもありません。私たちがその許可を撤回するとすぐに、「知っていること」や「気づいていること」という経験は自明のものとなります。

つまりこういうことです。「気づいていること」という経験が経験の前面に出ることを許し、思考、心象、感情、感覚や知覚を背景に退かせます。単に「気づいていること」という経験に注目するのです。誰もが求めている安らぎと幸福はそこに息づいています。

「気づいていること」に気づくのです。

スピリチュアルな伝統の多くは「知っていること（knowing）」「気づいていること（being aware）」という経験を「意識（consciousness）」や「気づき（awareness）」と表現しています。接尾辞「-ness」は「～の状態、または存在」という意味を持つことから、「気づき」と言った場合、「気づいていること」という状態や存在を意味します。「意識」や「気づき」という言葉を使うリスクは、それらが名詞であるために純粋な「知っていること」や「気づいていること」という非客観的な経験を、客観化したり具体化する傾向があることです。

＊　＊　＊

客観化したり具体化することによって、意識や気づきは何か特別で微細な経験であるとか、客観的な経験と同じように発見したり知ることができるものだという印象を持ってしまいます。その結果、たくさんの人が究極の経験や心の状態と思われている悟りの達成を願って、大いなる探求に乗り出しています。

このような探求は、経験の親密さや即時性から「気づいていること」という経験を抽象化し、それが未知で神秘的で馴染みのないものであるかのような印象を与える傾向があります。それは気づきや意識の知識が、いつの日か見つかるかもしれない特別な経験であることを暗示しているのです。

こうして意識や気づきの探求は、対象の領域で幸せを探すというこれまでの探求の改良版となって、結局は以前と同じ挫折へと人々を導いてしまいます。

悟りや目覚めは、厳しい実践や長期に渡る瞑想で達成できる特別な経験でも、心の状態でもありません。悟りや目覚めは、まさに心の本質を認識することです。

「気づいていること」は、これ以上によく知っていることなど他にないと言えるほど、当たり前でシンプルな経験です。もし「あなたは気づいていますか？」と聞かれたとしたら、自信を持って「はい」と答えることができるでしょう。経験に照らし、自分は気づいているという明白で馴染み深い経験があるからこそ、そのように答えるのです。

一方で、「意識は存在しますか？」とか「気づきとは何でしょう？」と聞かれたら、何を質問されているのか真意を図りかね、少しの間考えてしまうかもしれません。本書では「知っていること」「気づいていること」の代わりに、「意識」「気づき」という言葉を使う場合もありますが、単なる表記上の違いにすぎないと理解してください。

「意識」「気づき」は明瞭で、馴染みのある言葉ですが、「知っていること」や「気づいていること」という非客観的な経験を直接的に指す言葉でもあり、あらゆる知識や経験に等しく浸透しており、誰にでも共通しています。

＊　＊　＊

「気づいていること」という経験は、私たちにとって最も直接的で親しみのある経験ですが、そのことに注目すると、誰が、あるいは何が「気づいていること」という経験を知り、経験しているのかという疑問が生じるかもしれません。「知っていること」という経験を知り、経験しているのは何なのでしょう？「気づいていること」に気がついているのは何なのでしょう？

「気づいていること」という経験に名前を付けるとしたら、「私」ということになります。友達が今何を考えているのかに気づいているのは「私」です。子供の頃の記憶に気づいているのは「私」です。悲しみや寂しさ、恥ずかしさといった感情に気づいているのは「私」です。自分の家の想像に気づいているのは「私」です。痛みや空腹の感覚に気づいているのは「私」です。部屋の景色に気づき、外の通りから聞こえてくる音に気づいているのは「私」です。

どの例をみてもわかるのは、知識と経験を知っている、気づいているものに「私」という名前を与えたということです。「私」こそあらゆる知識と経験を知り、気づく要素です。「私」は気づきそのものなのです。

ですから「気づいているのは何なのかという疑問は、「私は気づいている、と知っているのは誰あるいは何なのか？」と言い換えることができます。「気づいていること」に気づいているのは「私」なのでしょうか？　あるいは「気づいていること」という経験が、私自身以外の誰かや何かによって知られるのでしょうか？

私は気づきだと気づいているのは、明らかに「私」です。つまり「私、気づき」が、「気づいていること」に気づいているのです。気づきがあることを知り、気づいているのは気づきです。したがって、「気づいていること」や気づきそのものは、言わば「自己気づき（self-aware=自己に気づいていること）」です。ちょうど、太陽が自らを照らすのと同様、気づきもまた自らを知っています。

気づきは気づき以外のもの、つまり思考や感情、感覚や知覚に気づく以前に、それ自体に気づいています。気づきの本質は自らに気づいていることだとすれば、気づきにとって主要な経験は、それ自体に気づいていることだということになります。

「私は気づいている」という経験は、気づき自体についての気づきの知識です。したがって、自分自身についての私たちの知識は、気づき自体についての気づきの知識なのです。

太陽は自らを照らすために、その光を特定の方向に向ける必要がないのと同じように、気づきが自らを知るために注意を、つまり「知っていること」という光を特定の方向に向ける必要はありません。

実際、太陽がある方向に光を向けると、それ以外のものが照らされるだけです。同様に、気づきが「知っていること」という光をある方向に向けると、明らかに気づきではない何か別の知識を与えるだけになります。

つまり、気づきが自らを知るために特別な行動は必要とせず、「知っていること」という光を特定の方向に向ける必要もありません。気づきが自らを知るために努力する必要はないのです。努力すると、むしろそれから遠ざかってしまいます。

気づきは、単にそれ自体の存在によって自らを知っています。

第2章　気づきの本質

映画のスクリーンがその内容に動揺することがないのと同様、「気づいていること」や気づき自体が経験の内容に影響されることはありません。

思考は動揺し、感情は害され、肉体は痛みを感じ、世界は問題を抱えるかもしれませんが、純粋な「知っていること」や「気づいていること」と気づきそのものは、経験の中に生じるどのような物事によっても乱されることは決してありません。このように、気づきの本質は安らぎそのものです。

この安らぎは、心《マインド》や肉体、世界が穏やかでいることに依存するような脆弱なものではなく、心の活動や非活動に先立つ独立したものであり、経験の背景として常にある生来の安らぎです。それは「人知を越える」(訳注:ピリピ人への手紙四章七節からの引用と思われる)安らぎなのです。

経験の中で起こることが、「気づいていること」や気づきそのものという経験を強めたり弱めたりすることはなく、映画の中で起きていることがスクリーンに何かを加えたり逆に取り去ったりできないのと同じです。

知識を得ることや、特定の経験が生じることによって「気づいていること」が誇張されたり、卑下されたりすることはありません。「気づいていること」は何も必要とせず、経験の中にあるものを怖れることもありません。特定の経験から何かを得ることも失うこともなく、ただそうあるのです。

気づきは本来的に全体であり、完全で、それ自体で満たされています。したがって、その本質は幸福そのものであり、心、肉体、世界の状態に依存する幸福ではなく、あらゆる状態、環境、条件に先立って独立した、原因のない喜びです。

生徒に何を伝えたいかと問われたJ・クリシュナムルティが「何が起きようが構わない」と答えたのには、こうした背景があります。

映画における唯一の現実はスクリーンであり、映画の中の物体や登場人物の性質、特徴、あるいは制限がスクリーンと共有されることがないように、あらゆる知識と経験を知る「知っていること」は、何であれ知り経験したものの性質、特徴、あるいは制限をそれらと共有することはありません。したがって「知っていること」は、無制限、無限です。

スクリーンが映画の中で起きるどのようなことからも条件付けされることがないように、「知っていること」「気づいていること」や気づきそのものも、経験の中で起きるどのようなことからも条件付けされることはありません。「知っていること」「気づいていること」や気づきそのものは、客観的経験によって形作られる条件付けに先立つだけではなく、根本的で還元不可能な心の本質です。それ自体が無条件なのです。

* * *

映画に没入すると、最初はスクリーンが映像の背後にあるように見えるかもしれません。同様に、経験に魅了されると、私たちは「気づいていること」や気づきそのものというシンプルな経験を見過ごし、まずそれを経験の背後に見出すかもしれません。この第一段階では、「気づいていること」や気づきそのものは、あらゆる客観的な経験の主体的な目撃者のように認識されます。

しかしもっとよく見てみると、スクリーンは映像の背景であるだけでなく、映像に完全に浸透していることがわかります。同様に、あらゆる経験は、それが知られている「知っていること」に満たされています。「知っていること」は、「気づいていること」や気づきそのものの経験で充満しているのです。思考、感情、感覚、知覚において「知っていること」で満たされていない部分はありません。第二段階としてのこのような理解は、気づきとその対象の区別を多少なりとも崩壊させます。

第三段階では、あたかも経験と気づきが別物であるかのように、「知っていること」「気づいていること」、そして気づきそのものがあらゆる経験に浸透していると主張することさえ正当ではないことを理解します。映像にとってはスクリーンがすべてであるのと同様に、経験においては、純粋な「知っていること」「気づいていること」、気づきそのものがすべてなのです。

思考にあるのは考えることだけで、考えることにあるのは「知っていること」だけです。

情動にあるのは感情だけで、感情にあるのは「知っていること」だけです。

感覚にあるのは感知だけで、感知にあるのは「知っていること」だけです。

知覚にあるのは知覚することだけで、知覚することにあるのは「知っていること」だけです。

ですから、経験にあるのは「知っていること」だけで、この「知っていること」を知っているのもまた「知っていること」なのです。あるのはそれ自体だけで、それ自体以外にそれを制限したり分割できるものは何もないので、「知っていること」や純粋な気づきは全体であり、完璧であり、完全であり、不可分で無制限です。

このような二元性、分離、他者性の不在は、愛そして美の経験です。愛と美の経験においては、自己と対象、他者、世界との間のあらゆる区別が溶解しています。

愛と美は気づきの本質です。愛と美という馴染み深い経験において、気づきは自らの永遠で無限の現実を味わっているのです。画家のポール・セザンヌはこう述べています。「芸術は、永遠という本質を私たちに味わわせてくれる」。

映画の登場人物は世界中を旅するかもしれませんが、スクリーンという唯一の実質であり現実がどこかへ行くことは決してありません。同様に、心は思考し、想像し、感じ、感知し、知覚することによって常に動いていますが、純粋な「知っていること」「気づいていること」、そして気づきそのものは唯一の実質であり現実で、決してどこかへ行くことはありません。

＊　＊　＊

心という形の中で、気づきは動くことなく動いています。

映画はスクリーンに色を付けますが、スクリーン自体が決して着色されることはないように、経験は気づきを彩りますが、経験の中で起きることが何であれ、気づきは変色したり、汚されることは決してありません。純粋な「知っていること」「気づいていること」、そして気づきそのものは常に同じ原初の状態のままなのです。

どんな経験も、私たちの本質的で「自己気づき」の存在に痕跡を残すことはありません。

スクリーンは映画の中の出来事に対して完全に無防備でありながら、映画の中で起きることによって破壊されることはなく、同様に気づきはあらゆる経験に対して完全にオープンで攻撃されやすいながらも、傷ついたり破滅することはありません。

「気づいていること」という経験は、二分前、二日前、二ヶ月前、二年前、二十年前とまったく同じ状態にあります。私たちが五歳の子供だった頃の経験を知っていた気づきは、現在の私たちの経験を知っている気づきとまったく同じです。

このように、「知っていること」「気づいていること」や気づきそのものである私たちの根本的な性質に年齢はありません。年齢を重ねても歳を取ったような感じがしないのはそのためです。むしろ、歳を取れば取るほど、ずっと変わらず同じ人間であり続けたことを実感するようになります。私たち自身における同一性は、気づきの同一性なのです。

同様に、私たちの最も知的な思考が知っている気づきは、最も非知的な思考が知っている気づきと同じです。

痛み、緊張、動揺という感覚を知っている気づきは、喜び、リラックス、温かさという感覚を知っているのと同じ気づきです。

怒り、悲しみ、悲嘆という経験を知っている気づきは、感謝、優しさ、喜びという経験を知っているのと同じ気づきです。

*　　＊　　＊

心は、気づきが肉体の中にあると思い込んでいるため、気づきの制限や運命を共有していると信じています。

したがって心は、肉体が生まれると気づきも生まれ、肉体が歳を取って病気になると、気づきも歳を取って病気になり、肉体が死んでなくなると、気づきも死んでなくなると信じているのです。

しかし、映画の登場人物が生まれた時にスクリーンが生まれるわけではなく、登場人物が歳を取ってもスクリーンが歳を取ることはなく、登場人物が死ぬ時にスクリーンも死に、なくなってしまったりはしません。

これと同じように、肉体が現れたり生まれる時に気づきも生まれるのではなく、肉体が歳を取っても気づきは歳を取らず、肉体が死んだり消滅しても気づきは死んだり消滅することはありません。気づきは変わることなく不老の状態のままなのです。

気づきは、自らの出現と消滅、始まりと終わり、誕生と死を経験しません。そのような経験のためには、自らの出現、始まり、誕生の前に、また自らの消滅、終わり、死の後に、存在していなければなりません。

有限の心は、深い眠りの中では気づきが消えていくと想像しますが、気づきの経験では、熟睡中に消えていくのは有限の心で、気づきだけが残っています。

熟睡は気づきの不在ではなく、不在という気づきなのです。

このように気づきは自らの経験において、自らについて知っている唯一のものであり、生まれることも死ぬこともありません。言い換えるなら、気づきは永遠です。

映画の登場人物が病気になっても、スクリーンには何も起こらないのと同様に、肉体が病気になっても、気づきには何も起きません。だからこそ、純粋な気づきという私たちの本性を知ることは、究極の癒しなのです。自分は純粋な気づきであり、「気づいていること」というシンプルな経験だと知っている人は、常に完璧な健康を保つことができます。

気づきには決して何も起きません。

第3章　見過ごしている根本的な性質

自分が気づいているものだけに魅了されることなく、「気づいていること」そのものという経験に興味を持ちましょう。

「気づいていること」に気づくのです。

「気づいていること」という経験は、客観的に気づくことができるものではありませんが、「気づいていること」という非客観的な経験は、間違いなく知られているか、経験されています。

「この部屋の中にあるものを書き出してください」と言われた時、そのリストの中に空間を入れる人がほとんどいないのは、テーブル、椅子、本やパソコンといった目に見えるものと異なり、空間は見えないからです。そうでありながら、私たちは空間を経験していないとは言えません。

空間との関連で言うと、「気づいていること」や気づきそのものには、何もない空間と同じように、客観的な性質や特徴がありません。その非客観性のために、「気づいていること」や気づきそのものの経験は、たいていは無視されるか、見過ごされています。

実際に多くの人は、自分の経験を知り、気づいているのは誰なのか、あるいは何なのか、経験とは一体どのようにしてやって来るのかといったことに疑問を持つこともなく、一生を過ごします。

ヨーロッパやアメリカでミーティングを行った際、両親や先生から「自分の経験を知っていたり気づいているのは誰なのか、あるいは何なのか」と質問されたことがある人はいるかと尋ねてみましたが、何千人もの人々の中で「そのような経験がある」と答えた人は一人もいませんでした。

自然の中で風景を描き続ける画家が、その生涯で一度も風景を見えるようにしている光に注目しないということは、相対的に言って想像できません。その一方でほとんどの人は、あらゆる知識と経験を明らかにし、知ることができるようにしているのは気づきや意識であることに、注目することも考慮することもないまま過ごしています。

* * *

私たちのほとんどは経験の内容、つまり思考、心象、感情、感覚、知覚といったものに目を奪われるあまり、あらゆる知識や経験を知る「知っていること」を見過ごしています。

私たちはあらゆる経験の背後にある「気づいていること」という、常に存在し、変わることのないシンプルな経験を顧みようとしません。気づきそのものを無視しているのです。私たち自身である「自己気づき」の存在というシンプルな「知っていること」を見過ごしています。

言い換えれば、自分が本質的に誰で何なのかを忘れて、思考、心象、記憶、感情、感覚、知覚の集合体が自分だと誤解しているのです。

このように、私たちは根本的な性質である「気づいていること」や気づきそのものを無視し、見過ごし、忘れることによって、私たちの本質的かつ「自己気づき」の存在を、客観的な経験の特質、ひいてはその制限と混ざり合うことを許してきました。

スクリーンが映画の内容である対象と混ぜ合わされた結果、あたかもスクリーンが風景や森になったかのように見えるのと同様に、永遠で無限の気づきが客観的な経験と混ぜ合わされ、失われると、一時的で制限された気づき、つまり有限の心《マインド》、分離した自己、あるいは自我になったように見えます。それは、「本当の私は誰か」を忘れるということです。

言い換えると、心は気づきが肉体の制限を共有し、そのためにその運命までも共有していると思い込んでいるのです。この肉体の特性や制限と気づきとの明らかな混同は、ほとんどの人が信じ、自分自身だと感じている分離した自己や自我を生み出します。

そのような分離した自己や自我というのは、本物のそして唯一の自己*である永遠で無限の気づきを忘れ、見過ごし、無視することによる避けられない帰結であり、宗教的な言葉で表現するならば「無限の神の存在」を忘却することです。

そうであっても、永遠で無限の気づきである私たちの本性は、客観的な経験によって完全に忘れられてしまったり、陰ってしまうことはありません。たとえ客観的な経験が私たちの心を動揺させ、麻痺させたとしても、永遠の記憶は幸福への願望として、宗教的表現をするなら、「神への憧れ」として輝き続けるのです。

＊この文脈での「自己」(self) は、実体のある事物や個人を指していません。私たちがどのような存在に見えるかを表す一般的な言葉を使いながら、本質的で非対象の、「自己気づき」の存在という意味で用いいています。

＊　＊　＊

「私たちは『気づいていること』というシンプルな経験を顧みようとしない」と言いましたが、「私たち」が一つの実体で、「気づいていること」という経験とは別物だということを意味してはいません。それは言葉の綾のようなものです。「私は気づいている」と言う場合の気づいている「私」は、気づいていることを知っている「私」と同じです。

知られている「私」は、知っている「私」です。照らしている太陽は、照らされている太陽です。

気づきだけが気づきに気づいています。「気づいていること」だけが「気づいていることに気づいています」。

したがって、「気づいていること」という経験、すなわち気づきの存在を見過ごしている「私たち」は、明らかに気づき自体を見過ごしたり忘れたりしている気づきなのです。

気づきは経験のドラマが作られ、上演される「自己気づき」のスクリーンであり、それは経験の客観的な内容と密接に関係しているので、ちょうど夢を見る人の心が自分の夢の中で自分自身を失うのと同じように、その中で自分自身を失うように見え、その結果、自らの存在を見過ごしたり忘れたりします。

そうであっても、映画によってスクリーンが覆い隠されることがないのと同じで、「知っていること」「気づいていること」や気づきそのものが、経験によって完全に覆われてしまうことはありません。映画の上映中もスクリーンがずっと見えているように、「知っていること」「気づいていること」や気づきそのものも、すべての経験を通してそれ自体を知っています。

風景として見るか、スクリーンとして見るかは、私たちが何を見ているかではなく、見方によります。映画を観ている時、最初に風景を見て、次にスクリーンを認識し、それから風景としてスクリーンを見ます。私たちは最初に対象物の多種多様性を見て、次に気づきの存在を認識し、それから客観的な経験の全体として気づきを見ます。これがスーフィズムで言う「神の顔だけがある」という意味です。

そしてこれは、ラマナ・マハルシが「世界は非実在だ、ブラフマンだけが実在だ、ブラフマンが世界だ」と述べて言及したことです。

このような観点からすると、経験は気づきを覆い隠すものではなく、気づきと共に輝くものなのです。

知られるものは「知っていること」と共に輝きます。

しかしながら、私たちの本性を明らかに見過ごし、それに伴って安らぎと充足を失うことに関して補足するなら、映画ではドラマによってスクリーンが隠されていると言えるのと同じように、気づきは客観的な経験の中で自らを見失い、そのために自らの活動によって自らを覆い隠すのだと言うことができます。

スーフィズムの神秘主義者バルヤニの言葉、「神は神自身によって神自身を覆い隠す」にはこのような意味があります。

* * *

キリスト教の伝統では、不注意であれ故意の回避であれ、気づきを覆い隠すことは「原罪」、ヴェーダーンタでは「無知」として知られています。ヘブライ語の「chata'ah」は、聖書では「罪」と訳されることが多いのですが、文字通りには「見逃す」という意味です。

こうした文脈における原罪とは、経験の本質的な要素である気づき、意識そのもの、あるいは「無限の神の存在」を見失い、見過ごし、無視することです。したがって、宗教用語での罪とは、神に背を向けることなのです。

同様に、ヴェーダーンタの元語であるサンスクリット語には「avidya」という言葉があります。たいていの場合「無知」「誤解」「誤った知識」と訳されます。この文脈での「無知」は一般的な用語としての愚かさという意味ではなく、気づきを無視すること、つまり気づきが自らを明らかに無視し、見過ごし、忘れていることを暗示するものです。

このように気づきが覆い隠され、無視され、制限されると、その後に続く見かけ上の分離した自己や自我である有限の心への収縮によって、本来は気づきに内在する安らぎと充足も、切望する記憶としては響きはするものの陰ってしまいます。この安らぎと幸福への切望は、見かけ上の分離した自己や自我の決定的な特徴です。

つまり、私たちの本性を忘れることは、あらゆる心理的苦痛の源であり、逆に言うと、私たち自身を思い出すことは、それは自らを記憶し認識することですが、誰もが切望する安らぎと幸福の源なのです。

一旦、見かけ上の分離した自己や自我が、客観的な経験の中で安らぎと幸福を確保する可能性を使い果たしても、自らの内部でそれらにアクセスする可能性は開かれているかもしれません。この直感は、分離した自己が、本来は安らぎと無条件に満ちた純粋な気づきの本質に戻る始まりであり、したがってその探求の解決策となります。

見かけ上の分離した自己が自らの根本的な性質を認識すると、生来の安らぎと幸福にアクセスできるようになりますが、そのためには客観的な経験による条件付けも、いかなる制限もない、純粋な気づきの本質を認識すること、ただそれだけです。言葉を換えるなら、本質がはっきりと見られなければなりません。つまり、気づきは自らをはっきりと見なければならず、そのためには、自らを「見る」必要があるのです。

とはいえ、懐中電灯の光は対象に向けることはできても、光を発する電球に向けることはできないのと同様、気づきは注意や心という形で「知っていること」という光を客観的な経験に向けることはできても、自らを自分自身に向けることはできません。

私たちは心を、「気づいていること」という経験に向けることはできず、遠ざけることしかできません。ですから、気づきは注意の焦点を弛緩するか、自らを経験の対象から解放し、それによって注意が自らに戻ったり静止するようにしなければならないと言ったほうが正確かもしれません。このように、最高の形の瞑想とは、心が行う活動ではありません。それは、心をそれが起こる源や、純粋な気づきの本質へと寛がせ、後退させ、沈み込ませることです。

この気づきの自己への復帰、記憶、つまり「気づいていること」に気づいていること」こそ、瞑想と祈りの本質であり、永続的な安らぎと幸福へのダイレクト・パスなのです。

*　*　*

見かけ上の分離した自己や自我は、ぎゅっと握られたゴムボールのようなものです。潰れていてもゴムボールは元のボールです。ボールは握ると収縮しますが、そこに常に見られるのは、元の解放された状態に戻ろうとして生じる張力です。潰れたボールがすることは何もありません。収縮したボールが元の状態に戻るのは、完全に膨らんでいる自然な解放されたボールの状態なのです。

同様に、分離した自己は無限の気づきの見かけ上の制限、収縮です。あるのは純粋な気づきという本当の、そして唯一の「自己」だけですが、有限の実体へと収縮すると、常にある傾向として元の解放された自然な状態に戻ろうとする張力が生じます。この引きつける力は、分離した自己にとっては、幸福への願望、神への憧れとして感じられます。

実際のところ、幸せを希求し、自然で解き放たれた状態に戻ろうとするのは分離した自己ではありません。完全に解放され、本質的に安らかな気づきという生来の状態に分離した自己を呼び戻すのは、自然な状態の引きつける力や記憶なのです。

分離した自己の観点からすると、純粋な気づきの本質へ向かう動きは願望や憧れとして感じられます。分離した自己の収縮に対する、本質的に安らかな気づきの引きつける力は、恩寵という魅力です。

私たちの神への愛は、私たちに対する神の愛です。

第4章　気づきのほぐし

気づきが自らをありのままに認識し、気づくために、特別なことをする必要はありません。太陽が本質的に「自己発光」であるように、気づきは本質的に「自己気づき」です。

ですから、気づきの自らに関する知識は、つまり私たち自身の根本的で還元不可能な存在への知識は、新しいとか特別な種類の知識でもありません。それは気づきの中に内在している知識であり、客観的な経験に注意を集中しているために不明瞭になっているだけなのです。

ロシア人哲学者ピョートル・ウスペンスキーは、気づきが自らの永遠で無限の本質を認識する見かけのプロセスを「自己想起」と表現しましたが、これは、かつて知っていてその後に忘れられた過去の何かの記憶を意味するのではなく、むしろ現在でも身近にありながら、経験の喧騒のために見過ごされたり忘れられたりしているように見える何かを、再び認識したり知ったりすることを意味しています。

瞑想も、こうした意味での「自己を思い出すこと」です。それは私たちが常にそしてすでに存在する、素朴で光り輝き、生来の安らぎと無条件に満たされた「気づいていること」という経験であり、一見すると思考、感情、感覚、知覚によって不明瞭になってしまいそうですが、実際には決してそういうことはなく、すべての経験を通して常に存在するのです。

マタイ（訳注：新約聖書の「マタイの福音書」の記者）はこのことを、「祈りを捧げる時は、奥まった自分の部屋に入って戸を閉め、隠れたあなたの父に祈りなさい」と表現しています。

実際のところ、物体や人物、出来事を記憶するような方法で、私たちの根本的で還元不可能な自己、純粋な気づきを記憶することはできず、可能なのは客観的な性質を持ったものだけに限られます。その意味では、失ったものや忘れたものだけが記憶される必要があり、気づきは記憶される必要もないのです。

映画の中身の中に自らを見失ってしまった時、スクリーンがなくなったか、見えなくなったように感じられます。もちろん私たちは常にスクリーンを見ているのですが、映画の内容に取り込まれているため、一時的に見過ごし、忘れているのです。これと同じように、気づきは常に存在し、自らに気づいているのですが、客観的な経験の中に自らを失う時、本当の自分を知ることをやめてしまうように見えます。

そのような場合、気づきが自らを知ることと、他の何かを知ることを混同してしまい、結果的に自らをはっきりと知ることをやめてしまいます。客観的な経験によって「気づいていること」という経験は歪められ、不明瞭になってしまうのです。

気づきが思考、感情、感覚、知覚の性質を混同すると、見かけ上で制限され、一時的で有限な自己や心《マインド》になってしまうように見えます。

対象への気づきは、気づきへの気づきを陰らせます。

＊　＊　＊

無限を知ることができるのは無限だけで、有限を知ることができるのは有限だけです。

客観的な経験を知るために、無限の気づきは有限な心の形を取りますが、気づきが自らを知るために、心の形を取る必要はありません。言い換えると、心の形や活動において、気づきは思考、心象、感情、感覚、知覚を知りますが、心の形では気づきが自らを知ることはできません。

心の形を取った気づきが自らを知ることができないのはなぜかと言うと、心とは見かけ上で制限のある気づきだからですが、ちょうど、夢の中の登場人物がまさに心の制限のために、その夢を見る人の心を知ることができないのと同じなのです。

夢の中の登場人物が知っていることはすべて、その心の制限の反映のため、夢を見る人の心でできているにもかかわらず、その「無制限の」心*を知ることはできません。登場人物の心の制限が、無制限の現実を知ることを妨げているのです。これと同じ理由で有限の心は、無制限の気づきが変化したものにすぎないながらも、無制限の気づきを知ることができません。

＊実際には、夢を見る人の心には制限がありますが、この喩えでは、夢を見る人の心は無制限の気づきという前提です。

映画がスクリーン上の活動であり、海流が海の活動であると言えるように、心は気づきの活動です。つまり、心は気づきの動きであり、気づきは心の静止です。

気づきを探求する心は、海流の中で水を探す一つの流れのようなものです。そのような心は、終わりのない不満足という運命にあります。

心とは、気づき自体が絡んだように見える気づきの活動性や創造性です。気づきは自らの創造性の中に自らを失ってしまったようにも見え、自らの活動で自らを覆い隠しているのです。

瞑想とは、気づきを自らの活動の絡まりからほぐすことです。

瞑想では、「気づいていること」というシンプルな経験が、私たちの気づいているすべてのものから私たちを解放してくれます。

* * *

明るい陽射しのある外から暗い部屋に入った時、何かを見ようと思っても、心には何もできません。私たちはただその中にいて、リラックスするだけで、暗い部屋の物体はゆっくりと浮かび上がってきます。

瞑想もこれと似ています。心が気づきを見つけたり知るためにできることが何もないのは、心とはそれ自体が求めている気づきそのものの制限だからです。心がすることはすべて、単にそれ自体を覆い隠す活動にすぎないのです。

瞑想とは心の活動を沈静化し、続いて心の本質そのもの、つまり純粋な知ることや気づきを、心自体に啓示することです。

気づきだけが気づきを知っています。瞑想として知られる非活動や非実践において心の活動が静まる結果、見かけ上の制限の中に失われていた純粋な気づきという心の本質が、心自体にありのままに現れます。

たとえば、この本の文章ではなく白い紙に注意を向けて初めて、私たちはそれに気がつきます。実際には紙にもずっと気づいていたはずですが、書いてある文章に気を取られていたために認識しなかったのです。

気づきはその白い紙のようなものです。それは、あらゆる経験がその上や中に現れる光り輝く「自己気づき」の存在であり、あらゆる経験が知られる透明な「知っていること」でもあり、究極的には、あらゆる経験が生じる実質や現実です。詩人のシェリーは、これを「永遠の白い輝き」と表現しました。

気づきを認識すること、つまり気づきがそれ自体を認識することは、見られたり、知られたりする何か新しいものではなく、常に、すでに存在する明白なものを見たり、知ったりする新しい方法です。

悟りや目覚めもまた、新しい経験でも、特別な経験でもありません。それは、経験そのもののまさに本質である「自己啓示」です。

気づきを発見することはできず、できるのは認識することだけです。

＊　＊　＊

気づきを自らの活動から解きほぐすには、心を客観的な経験から、その根本的で還元不可能な性質へと遡らせるような質問をすることが有効です。

そのような質問の一つが「私は気づいているか？」です。ほとんどの質問は、気づきの「知っていること」や注意の光を客観的な知識や経験に向かうように導きますが、「私は気づいているか？」のような質問は、心を対象のない方向へと誘う、神聖な質問なのです。

心が対象のない方向へと進むと、リラックスし始め、自らが生じた気づきの源へと沈んだり、戻っていきます。純粋な気づきの本質が明らかになるまで、心は徐々に色や活動を失っていきます。

アルフレッド・テニスン男爵（訳注：ヴィクトリア朝時代のイギリスの詩人）は、この神聖な探求をこう言及しました。「沈みゆく星の如き知識を追い求め、人間の思考の限界を越えてゆく」。

それは、あらゆる客観的な知識や経験に先立つ、心そのものの根源にある「気づいていること」という経験や「私は在る」（I am）という知識として、私たち一人ひとりの心の中に輝いている、永遠で無限の「自己気づき」の存在についての絶対的な知識を求めることなのです。

「私は気づいているか？」という質問の答えは明らかに「はい」です。「私は気づいているか？」という質問は一つの思考であり、その時点では私たちは答えを確信していません。「はい」という答えは二つ目の思考であり、そこで私たちはその答えを絶対的に確信します。

これら二つの思考の間には、質問で表現された不確実性を、答えで表現された確実性に変換する何かが起きています。

これら二つの思考の間に起こるものが何であれ、それ自体は心の出現や活動ではなく、それは出現や活動などの二つのものの間に起きます。そして、心の活動がなければ時間も空間も経験されませんから、言わばこの場所なき場所で生じるものが、「私は気づいているか?」という質問に「はい」と答えられる絶対的な確信を私たちに与えてくれます。

「私は気づいているか?」という問いに答えるためには、「気づいていること」という経験へ「行く」ことが必要です。つまり「気づいていること」という経験を知らなければなりません。私たちは「気づいていることに気づいている」必要があるのです。

もし「気づいていること」という経験に気づいていなければ、「私は気づいているか?」という質問に、確信を持って「はい」と答えることはできません。

*　　*　　*

すると、「気づいていること」という経験に気づいている「私たち」、あるいは「私」とは誰なのかという疑問を持つ人もいるでしょう。

気づいているのは気づきだけです。「私は気づいているか?」という問いと、「はい」という答えの間に、気づきは知ることの光を客観的な経験に向けることをやめ、その結果、自らに気づくようになります。

実際のところ、気づきが自らに気づくようになることはありません。太陽が常に自らを照らしているのと同じく、気づきは常に自らに気づいているからです。

しかし、気づきが注意や「知っていること」という光を対象へ向けると、自らへの気づきが対象への気づきと混ざり合ってしまい、本当のありのままの自らに気づいていることをやめてしまうように見えます。したがって、そのような二つの対象や思考の間隙の中で新たに自らに気づくように見えるのです。

実際のところ、気づきが自らに気づいていることは、新しくも神秘的でもなく、未知でも特別な経験でもありません。それどころか、可能な経験の中で最も身近で、馴染みがあり、かつ当たり前の経験です。それは単に、本質的な「自己気づき」の存在、つまり自らを知ることにすぎないのです。それは、私たち一人ひとりが「私は在る」と言う時に言及しているシンプルな経験です。それは単に、存在しているという知識です。

「私は気づいているか?」という質問と、それに続く「はい」という答えは思考によるものです。思考は気づきに現れる対象ではなく、気づきの活動であり、ちょうど映画がスクリーンに現れる独立した存在を持つ実体ではなく、スクリーンの活動であると言えるのと同じです。

このように、「気づいていることに気づいていること」、つまり気づきが自らに気づいていることは、心の二つの活動の間、すなわち二つの思考や知覚の間に現れますが、ちょうど映画のコマとコマの間に空白のスクリーンが露出するのと同じです。

「私は気づいているか?」という質問と、「はい」という答えの間の一時停止において、心は活動から解放され、その結果として制限からも解放されると、無限の気づきとして現れ、自らを照らし、知っているだけとなります。

気づきは気づきに気づいています。

＊　＊　＊

まず、気づきが自らに留まること、つまりシンプルな「気づいていること」という非客観的な経験に留まることは難しいように思えるかもしれませんが、それは心という形を想定し、気づき自体を客観的な経験に向けることに慣れているからです。

心がそうしようとしていることに気がついた場合はすぐ「私は気づいているか?」と再び問いかけてください。このようにして、心を知識や経験の対象から遠ざけ、その本質や源へ向くように導くのです。

心は対象に注意することによってのみ成り立つので、「私は気づいているか？」と自問すると、思考、心象、感情、感覚、知覚から離れ、純粋な気づきという根本的で還元不可能な本質に向かって対象のない方向、つまり道なき道への旅に乗り出します。

ラマナ・マハルシはこの「非過程」を「心をハートに沈める」と表現しています。

この方向性のない旅の間、心は外向き、内向き、あるいは「自己向き」へと沈んだり、リラックスします。すると、たいていの場合は少しずつ、時には突然、その有限で制限された性質を取り除かれた心が、ある時点で純粋な心、原初の心、あるいは無限の気づきとして現れます。

＊　＊　＊

実際には、「心がその本質や現実を再発見する旅に乗り出す」という説明は誤解を与えてしまうかもしれません。映画の映像とスクリーンの間の距離はどのくらいでしょうか？

有限の心が、その根本でもある還元不可能な本質へと至る道は、ある場所や実体から別の場所や実体への旅ではないのですが、自らを分離し独立して存在する実体だとする心の信念に譲歩して、この展開はしばしば旅や道、あるいは巡礼と描写されます。それは、スクリーン上の映像のフェードアウトにとても似たものです。

心とは、気づきによる「自己着色」活動です。瞑想は、この「自己着色」活動をフェードアウトまたは溶解し、続いて心の無色の本質、つまり純粋な気づきそのものを啓示します。

「気づいていることに気づいていること」は、気づきが自らに気づいているという、無色で非客観的な経験です。それは有限な性質を取り除いた後の、心の本質の経験です。それは純粋な心、つまり気づきそのものであり、それ自体の内在的で還元不可能で破壊不可能な本質を知っています。禅の伝統ではこれを「本来の面目」(訳注:すべての人がもともと持っている自然のままの心性)と表現しています。

心が「気づいていること」や気づきそのものである無色で透明な経験を知ることも記憶することもできないのは、そこには気づきの活動である心が存在しないか、より正確に言うなら活動していないからです。

心はせいぜい、「気づいていること」という非客観的な経験を見過ごし、その存在そのものを否定することさえあるかもしれません。そのような心は、水の存在を否定する波のようなものです。

しかし、自らの源や本質に繰り返し溶解することに慣れた心は、徐々にその生来の安らぎに馴染んでいきます。そのような心が気づきという海から再び立ち上がると、その活動は人類に生来の安らぎを利用可能にするのです。

そのような心はまた、単なる過去の続きではなく、無条件の本質から直接もたらされる知識に触発されることもあります。このインスピレーションは、その心が作用するあらゆる知識や活動の領域に、創造性と新たな可能性をもたらします。

第5章　楽な道

「attention（注意、注目）」という言葉は、ラテン語で「～に」「～へ向かって」を意味する「a-」と、「伸ばす」という意味の「tendere」に由来し、気づきを知識や経験という対象に向かって伸ばしたり向けたりすることを意味しています。

太陽が物体を照らすためにその光線を当てるのと同じように、気づきは思考、感情、感覚、知覚を知るために、その「知っていること」という光をそれらに向けます。

しかし、太陽はすでにそれ自体が放射するものであるため、自らにその光を当てることができないのと同じように、気づきはそれ自体と「気づいていること」自体の間に距離がないため、その光を自らに向けることができません。

それは、気づきがあまりにも遠いために知られていないか、失われているように見えるからではなく、非常に近いからです。それは近いと言うよりも近すぎるのです。

誰かからこう質問されたとします。「立ち上がって、自分自身に向かって一歩踏み出すとしたら、どちらの方向に向かえばよいでしょう?」。私たちはすでに自分自身なのですから、自分自身に向かって一歩踏み出すことはできません。また、どこへ行くにも自分と共にあるので、一歩離れることさえできません。

気づきも同じです。自らを知るために、何かをすることも、どこかへ行く必要もありません。すでに気づきとしてあるので、「知っていること」を自らに向ける必要もありません。気づきが主客関係において自らを知るには、近すぎるのです。

知識や経験が知られるためには、知る主体は知られる対象や他者、世界から離れていなければなりません。注意が主体と対象の距離を示します。このように主客関係は、従来のすべての知識や経験が知られるための手段なのです。

気づき以外のすべて、つまり思考や知覚のすべての対象は気づきそのものとは別の何か、つまり経験の主体によって知られていますが、気づきは気づきそのものによってのみ知られています。したがって、気づきそのものへの気づきの知識は一種独特です。それは主客関係を必要としない唯一の知識形態です。それは絶対的な知識です。すなわち、経験という見かけ上の分離した主体である有限の心《マインド》に相対的でも依存的でもない、唯一の知識や経験なのです。

しかし実際のところは、すべての相対的な知識と経験も単一で、非二元で、絶対的な知識から派生、屈折したもので、ちょうど就寝時の夢の一見多種多様な物体や人物が、単一で不可分な心の屈折したものであるのと同じです。

月を照らすためには、太陽の光が空間を通って一定の距離を移動しなければなりません。しかし、太陽が自らを照らすためには、太陽はどこかへ行くことも、何かをする必要もありません。太陽の本質は照らすことです。太陽はそれ自体であることで、自らを照らすのです。

言葉を換えるなら、太陽にとって、それ自体であることと自らを照らすことは同じことなのです。自らを照らすということは、太陽が行う何かではなく、そのものであることです。それは「自己発光」です。

同様に、気づきはただそれ自体であることによって自らを知っており、何か他の作用を必要としません。つまり、気づきは自らによって、自らの中で、自らを通じて、気づき自体のみで自らを知るので、心や注意という形で立ち上がる必要はないのです。

これは、バルヤニが「私は主を通じて主を知る」と言ったのと同じ意味です。

気づきは私たちにとって主要な経験、つまり「気づいていること」が気づきの主要な経験です。気づきは客観的な経験を知る以前に、気づきそのものを知っているのです。

＊　＊　＊

思考、感情、感覚、知覚など、気づきとは一見異なるように見える何かを知るためには、気づきはその注意を、つまり「知っていること」という光を気づき自体から離れてその対象に向けて照らさなければなりませんが、しかし気づきが自らを知るために「知っていること」という光を気づき自体から離れて自らに向ける必要はありません。

気づきの本質は純粋な「知っていること」です。それは「自己発光」「自己知」「自己気づき」なのです。

太陽とその輝きの間に違いがないのと同じように、私たち自身の存在と私たち自身の存在を

「知っていること」の間に違いはありません。

気づきは、単にそれ自体の存在によって自らを知っています。

気づきはそれ自体と非常に近く、それらの間に距離はないので、道の余地もありません。道というのは、気づきから対象に向けてのものです。

気づきから気づきには空間も、距離も、時間もありませんから、道や実践の可能性はありません。「気づいていることに気づいていること」は、非実践なのです。

これが、ダイレクト・パスが道なき道と呼ばれる理由です。ダイレクト・パスはゴールからスタートし、そこに留まります。つまり、気づきは気づきからスタートして、気づきに留まるのです。したがって、最高の瞑想とは、ただ存在することです。

実践ではないのですから、努力をすることはできません。努力と言うからには、心を対象に向けたり、注意の焦点をコントロールしたりすることが含まれるからです。

輪ゴムを伸ばすと、常に元のリラックスした状態に戻ろうとする緊張状態が生じるのと同じように、注意すること、つまり気づきを対象に向けると微妙な緊張が生まれ、常に自然な均衡状態に戻ろうとします。

安らぎと幸福への願望は、根源的で生来的なリラックスした状態に戻りたいという願望です。

瞑想とは、注意することによる緊張をリラックスさせ、続いて気づきをそれ自体に戻すことです。それは心を気づきの核心に溶かすことであり、心を何らかの客観的な経験に向けることではないのです。

実際のところ、気づきが自らに「戻る」というのは、自分自身を分離した自己や有限の心だと信じている人に対しての譲歩した言い方であって、そのような人は純粋な気づきという生来の安らぎの本質から自分が切り離されているように思えるのです。そのような人にとっては、戻ることがあるように見えます。気づきにとっては、認識だけがあります。

瞑想は行うことではなく、行うことをやめることです。そのため、瞑想は「自己回帰」や「自己休息」と呼ぶことができます。

私たち自身の存在という「知っていること」以外のすべては、何らかの活動を必要とします。考えること、感じること、行動すること、知覚することはすべて心の活動ですが、ほとんどの場合、私たちはこの活動に慣れすぎており、もはやそれがそのような活動であるとは認知しません。

しかしながら「気づいていることに気づいていること」、つまり気づきが自らに気づくことは、本当に努力を必要としない唯一の経験です。それ以外はすべて、呼吸や考えることでさえ、エネルギーを必要とします。

アシュターヴァクラ（訳注：『アシュターヴァクラ・ギーター』〈ナチュラルスピリット刊〉の作者とされるインドの聖者）が、「師は、瞬き一つにさえ苦労する」と述べたのはこうしたことを意味しています。

＊　＊　＊

心とは、気づきが客観的な経験を知るための活動です。したがって、気づきのそれ自体への知識、すなわち「気づいていることに気づいていること」には、心の動きや活動は必要なく、その余地もありません。

私たちの自己から自己への、気づきから気づきへの経路はありません。道の余地がなく、したがって実践の余地もないため、実践者や自己が気づきから気づきへと旅をする余地もないのです。

私たちは気づき以外の、見かけ上の何かにしか「気づいていること」を実践できません。実際に、分離した自己や自我は、気づきとその対象との間に起こる「活動」そのものとして存在します。

照らす太陽は、照らされている太陽です。知っている気づきは、知られている気づきです。

瞑想は、気づきと気づき自体の間にあります。瞑想とは、単に気づきがそれ自体として存在し、それ自体の中に休息し、それ自体のみを知ること、つまり「気づいていることに気づいていること」です。

そのため、ヨハネの黙示録二十二章十三節には「私はアルファであり、オメガである。最初であり、最後である。初めであり、終わりである」と記されています。

T・S・エリオットは「リトル・ギディング」という詩の中で、同じ理解をこう表現しました。

私たちが始まりと呼ぶものはしばしば終わりであり
終わらせることは始めること。
終わりとは私たちが始めるところ。

ダイレクト・パスにおいて、気づきは同時に起源、道、ゴールです。「気づいていること」は同時に知る主体であり、知るプロセスであり、知られる対象でもあります。

「気づいていること」とは、「気づいていることに気づいていること」です。

気づきは気づきに気づいています。

「知っていること」は「知っていること」だけを知っています。

「気づいていることに気づいていること」は、瞑想の本質です。それは心を方向付けたり、集中させたり、コントロールする必要のない唯一の瞑想法です。

＊　＊　＊

私たちはいかなる実践によっても、本質的な自分になることはできません。実践を通しては、本質的ではない何かにしかなれません。

私たちは五十歳になることができます。疲れることができます。結婚することができます。寂しくなることができます。しかし、私たちの本質的で「自己気づき」である存在は、すべての「なること」に先行しており、通常は気づかれないものの、実際にはすべての「なること」を通じて、存在し続けています。

しかしながら、ひとたび自分が分離した自己や有限の心になったように見えると、純粋な気づきという私たちの根本的な性質は、欠けているか、隠されているか、失われたかのように感じられます。そのため、分離した自己や一時的で制限された気づきの観点からすると、本質的な自己を再び見つけ、知るために、そして何よりも、先天的な安らぎと幸福にアクセスするためには、行わなければならない実践や、旅をしなければならない道があるように思えるのです。

したがって、一時的で有限な実体や自己という信念に対する慈悲深い譲歩として、非二元の教えは、ほとんどの場合、「自己探求」や「自己放棄」の形での瞑想の実践を推奨します。

この点は、現代の非二元の表現においてしばしば誤解されています。苦しみの経験を受け入れ、なおかつ見かけ上での悟った観点を維持するために、そのような教えでは、「あらゆる苦しみは気づきの中に現れるが、ここには苦しんでいる人は誰もおらず、したがって何もすることはない」と主張するのです。

そのような声明だと非二元の教えは、以前から使われてきた対象、物質、活動、心の状態や人間関係などと同じ方法で、つまり見かけ上の分離した自己を、苦痛から紛らわすための方法として利用しているということになります。言い換えれば、分離した自己が非二元の教えを取り込み、それを利用して自らの幻想的な存在を永続させるということです。

苦痛を感じるのであれば、自分自身に正直になり、苦しんでいるのは誰かを調べてみるべきです。結局のところ、もし私たちが苦しんでいるのであれば当然、何かを求めます。自分を分離した自己だと思っている人にとって、何もしないという選択肢はありません。

そのような人にとっては二つの可能性しかなく、対象、物質、活動、心の状態、人間関係の中に一時的な救済を求めるか、あるいは「自己探求」や「自己探査」を通じて苦痛の源を探すことによって、「自己停留」や「自己放棄」へと自然に導かれるかのいずれかです。

したがって、ほとんどの人にとって瞑想、「自己探求」、黙想的な祈りは、少なくとも最初は、分離した自己の実践としての活動のように見えますが、理解が成熟し、実践が洗練されるにつれて、徐々にのみですが、「自己探求」は「自己停留」「自己休息」「自己放棄」に取って代わられます。

つまり、徐々にだけですが、ほとんどの場合、瞑想は私たちそのものであって、私たちが行うことではなく、そして分離した自己や有限の心は私たちが行っていることであって、私たちそのものではないことが明らかになるのです。

＊　＊　＊

このことが認識されるまでは、瞑想には努力が必要だと思えるでしょうけど、そうであれば、そしてそう思える限りは、私たちは努力をすべきです。

やがて、私たちは自分自身であることや、自分自身を知る努力ができないことを確信するでしょう。私たちが努力できるのは、明らかに自分自身以外のものであることや、自分自身以外の何かを知るためだけなのです。そしてその時点で、私たちの努力は自然に終わりを迎えるでしょう。

手をぎゅっと握るためには努力が必要ですが、しばらくそのままにしておくと握っているのが自然な状態となり、それを維持するために必要な努力に気づかなくなります。もし握っていた手を開く時には、最初は努力が必要であるように思えます。

握っているのが自然な状態であるように見えるからこそ、それを開くのに努力が必要に思えるのです。手の自然な状態は開いていることだとわかると、手を開くためには新たな努力を必要とせず、むしろこれまで気づかなかった、手を握っているための努力を緩める必要のあることが明らかになります。

分離した自己や自我は、ぎゅっと握った手のようなものです。無限の気づきを、見かけ上の有限の心に収縮させているのです。

私たちの多くは、分離した自己に固有の緊張に慣れすぎていて、それが自然な状態だと信じ、感じているため、この観点からだと、気づきとして気づきを知り、その中に休息する努力をしなければならないように思ってしまいます。

しかし、ひとたび純粋な気づきという本性が明らかになると、それに戻ったり、そこに留まる努力も必要ないことがわかります。私たちは実際、分離し、独立した自己という幻想を維持するために心が継続的に行う微妙な努力に敏感になります。

この理解の必然的な帰結として、瞑想と生活の区別がなくなるまで、気づきの存在を知りながらそこに留まることが、ますます私たちの自然な状態になっていきます。

楽でいることが、私たちの自然な状態です。

第6章　内へ向かう道

気づきは、「気づいていること」という経験、存在しているという感覚、あるいは「私は在る」という知識として、私たちそれぞれの心《マインド》の中で輝いています。このように「私は在る」という知識は、気づきが自らに気づいていることなのです。

「私は在る」という知識は、思考、感情、感覚、知覚の終わりに私たちの経験の中で一時的に輝きますが、映画のコマとコマの間にスクリーンが現れているように、その短さのために通常は気づかれないままです。

「私は在る」という知識は、あらゆる思考、感情、感覚、知覚の間にもずっと存在しますが、それらによって覆い隠されているように見えるのは、ちょうどスクリーンが上映中にずっと存在しながらも、映画によって不明瞭にされているのと同じです。

「私は在る」という知識、つまり気づきの自らへの知識は、このような有限の心が持つあらゆる相対的な知識や経験に先立つもの、それを超えたものであるだけでなく、その究極の現実でもあります。よって、それは絶対的な知識なのです。

宗教用語では、この絶対的な知識は神として知られています。したがって、私たちの自己への知識は、神の自己への知識なのです。このような理由から、神秘主義的なキリスト教の伝統では、気づきの核心で心を休息させることが、「神の臨在」を受け入れて実践すること、あるいは「無限の神の存在」への明け渡しとして知られています。

インドの聖者ニサルガダッタ・マハラジは、それを「私は在る」に焦点を当てることだと言及し、それによって彼は「私は在る」という経験の中に休息すること、つまり私たちの本質的で無条件の「自己気づき」の存在の中にシンプルに休息することを意図したのです。

この文脈での「焦点を当てる」という言葉の使用は、客観的な経験に自らを向けたり、それに焦点を当てる心の通常の活動に対しての譲歩です。そのような心に、この教えは「私は在る」という知識に注意を向け直すことを示唆しています。しかしながら、これは心の方向付けではなく、むしろ心をそれ自体の本質、シンプルな「気づいていること」や気づきそのものという非客観的な経験の中に休ませることです。

客観的な経験のみに自らを向けることに慣れている心にとって、「気づいていること」という経験、存在しているという感覚、「私は在る」という知識は、心が切望する安らぎと幸福を探す方向についての心の中の痕跡、またはヒントとなるものです。

「私は在る」という知識は、スクリーン上に現れた一つの小さなスクリーンの映像のようなものです。映像の立場から見れば、小さなスクリーンの映像は映像の一部ですが、スクリーンの立場から見れば、それはスクリーンです。心の観点から見れば、「私は在る」という知識は心の中の一つの経験ですが、気づきの観点から見れば、それは気づきそのものなのです。

スーフィーで言及されているのはこの認識です。「私自身を探し求め、神だけが見つかった。神を探し求め、私自身だけが見つかった」。

このように、「私は在る」という知識は、有限の心と無限の気づきが交差する経験です。それは経験の真っ只中で気づきの存在と共に輝く灯台です。それは心がその源に戻る旅で通過する入口です。

デルフィ（訳注：古代ギリシャの聖地）のアポロン神殿の門に「汝自身を知れ（Know Thyself）」という言葉が刻まれていたのもこのためです。バルヤニは同じ理由からこう言っています。「自己を知る者は主を知る」。

心が経験の客観的な内容から常在で最も内側の還元不可能な本質へと向かう旅は、東洋の伝統では瞑想として、西洋では祈りとして知られています。それは内へ向かう道、または識別の道と呼ばれることもあります。これは肉体の内側に向かうことを意味するのではなく、内側と言うよりも経験の対象から離れ、心の還元できない本質に向かうことを意味します。

＊　＊　＊

サンスクリット語では、それは「アートマ・ヴィチャーラ」と呼ばれ、「自己探求」「自己探査」などと訳されます。しかし、西洋文化における「探求」や「探査」という言葉は、心が辿る過程や活動を示唆しますので、誤解を招きかねません。「自己停留」「自己休息」の方が適切な訳かもしれません。

そうは言っても、「自己探求」と「自己探査」という言葉が正当であるのは、ほとんどの場合、その過程は「私の経験を知っている、あるいは気づいているのは何か」「思考はどこから来るか」「すべての知識と経験が知られている『知っていること』の本質は何か」「私は気づいているか」「私は誰か」などの問いによって開始されるからです。

これらの問いを熟考するにつれて、心は徐々に洗練され、客観的な経験の層を遡り、次第にすべての客観的で制限的な性質を浄化していきます。このようにして、「自己探求」や「自己探査」は徐々にそのダイナミズムを失い、「自己停留」「自己休息」、または「自己想起」に取って代わられ、そこでは自らの根本的で還元不可能な本質が明らかになります。

「啓示（revelation）」という言葉は、ラテン語の「revelare」に由来し、「元に戻る、再び、改めて」を意味する「re-」と、「覆う、隠す」を意味する「velare」から成り立っています。したがって、「啓示」とは新しい経験ではなく、以前は隠されたり曲解されたりしていた本質的な真実を露わにしたり、明らかにすることです。このように、瞑想や祈りは心という覆いを外し、その後に、その根本的で還元不可能な本質を露出させることなのです。

言い換えれば、瞑想とは、最初は心が何か新しい状態や経験を達成するために行う活動のように見えるかもしれませんが、後にはそれが心そのものの性質や本質であるということが理解されます。

瞑想は私たちそのものであって、私たちの行うことではありません。

＊　＊　＊

ほとんどの瞑想法は、マントラや炎、神、グル、呼吸、呼吸間などの何らかの対象に心を向けることが含まれます。従来の祈りの場合は、私たちの愛は私たち自身から離れて、無限の距離に存在すると考えられている神に向けられます。

これらすべての瞑想や祈りの形態は、多かれ少なかれ微妙な対象に心を向ける必要があり、そのために主客関係を維持します。これらは完全に正当であり、多くの場合は究極の瞑想や祈りへの必要な前奏曲ですが、ある時点で放棄しなければなりません。

あらゆる道には、それぞれの強みと、潜在的な落とし穴があります。帰依の道を歩む者にとって、その対象を放棄することが究極の明け渡しです。知識の道を歩む者にとっては、注意の集中や心のコントロールを緩めることが最後の試練です。

主体と対象は硬貨の表裏のようなものです。それらは互いに独立して発生したり存在したりすることはできません。経験の分離した主体である心が消滅するためには、より正確に言えば、その見かけ上の制限を失うためには、経験の分離した対象もまた消失しなければなりません。

愛が経験されるためには、愛する側と愛される側のどちらも消えなければなりません。

「気づいていることに気づいていること」、つまり自己の中に自己として留まり、「私は在る」の中に休息し、「神の臨在」を実践することは、経験の分離した主体である自我が維持されない唯一の瞑想や祈りの形態です。このように、それは最高の瞑想や祈りの形なのです。他のすべての瞑想や祈りは、この瞑想や祈りのための準備です。

＊＊＊

本質的に平和で無条件に満たされた気づきという私たちの根本的な性質は、「気づいていること」というシンプルな経験や「私は在る」という知識として私たちそれぞれの心の中に輝いており、あらゆる環境下、あらゆる状況下で常に平等に存在し、すべての人が利用可能なものです。

覆い隠されたり、失われたりするのは気づきのせいではなく、私たちがそれに背を向けているからです。つまり、心がその源や本質に背を向けているのです。

しかしながら、私は心と気づきが別のものだと言いたいのではありません。心と気づきの関係は、夢の中の登場人物と夢を見る人の心の関係と同じで、夢の世界はその登場人物の観点によって知られます。夢の登場人物にとっては、夢を見る人の心が世界のすべてですが、登場人物はそのことを知りません。

夢の登場人物が自分の経験の客観的な内容だけに焦点を当てている限り、決して自分の心の本質、ひいては自分の世界の現実を認識することはなく、自分が切望する安らぎと幸福を見つけることも決してないでしょう。

夢の登場人物が自らの性質を知るためには、注意を経験の対象からそらして知られているものに向けなければなりません。すべての知識と経験が知られている「知っていること」の性質を知らなければなりません。心の本質である「気づいていること」という経験に気づかなければなりません。

夜になっても、太陽は消えません。それは同じ明るさで輝き続けます。太陽から離れ、その結果、部分的な暗闇に落ちたのが地球です。地球が回転するとすぐに、言わば暗闇だった部分は明るくなります。

キリスト教の伝統における堕罪とは、単に心がその本質から離れることです。それは「無限の神の存在」から魂が離れるということです。

気づきという存在は、あらゆる経験の背後でも只中でも常に同じ明るさで輝いています。あらゆる経験は、その存在によって満たされています。必要なのはただ「回転する（向きを変える）」ことだけです。

＊　＊　＊

カシミール・シャイヴィズムの伝統に属する十四世紀の神秘家で詩人のラーラは、この向きを変えることについてこう述べています。「私は神を求めて長い旅をしたが、ついに諦めて引き返した時、神がそこに、私の中におられた」。

私たちは長い間、対象、物質、活動、心の状態、あるいは人間関係の中に安らぎと充足を探し求めてきました。これらのいずれかを獲得したり、経験をすると探求は一時的に終了し、その結果として束の間の安らぎと充足を味わいますが、それらは長続きしません。

私たちが生涯に渡って切望してきた永続的な安らぎと充足を味わい始めるのは、「諦めて引き返す」時だけ、つまり私たちが客観的な経験の中で安らぎと充足を求めることをやめ、心を方向性のない方向に向け、気づきが生じるその核心にますます深く沈み込むようにする時だけです。

心の観点からすると、「気づいていること」の経験や気づきそのものに留まったり休息するこの非実践は、空虚で退屈な状態のように見えます。しかし、やがて揺るぎない安らぎと理由のない喜びという気づき生来の特質が、ほとんどの場合、徐々に現れてきます。

この諦めと引き返すことや心の向きを変えることを、初期の東方正教会ではヘシカズム（静寂主義）、つまり「ハートの静寂」と呼んでいました。

これは旧約聖書の中でイザヤ（訳注：旧約聖書「イザヤ書」の預言者）が「あなた〈主〉は心があなたに留まる者を、完全な平安に保たれる」と言及したことを想起させます。

それは知識の道と愛や帰依の道が出会う非活動です。それは「自己探査」と「自己放棄」が同一であると理解される経験です。

＊　＊　＊

気づきがそれ自体を認識すること、つまり「気づいていることに気づいていること」は、ある種の新しい知識ではなく、それは常に、そしてすでにそうでありながら、単に思考や知覚の活動によって曖昧に見えていたものが明確に見えるということです。また、気づきがそれ自体の根本的な性質を認識することは、一部の心が特権的にアクセスできる特別な経験でもありません。

「気づいていること」は、あらゆる経験において等しく、明るく輝いています。深い憂鬱でさえ、気づきの光に照らされています。「気づいていること」は埋もれたり、覆われたり、見つけるのが難しいものではありません。それは、あらゆる経験が知られる、まさに「知っていること」という光です。

ラマナ・マハルシとブッダは、自身の心の本質への特別なアクセス法や能力を持っていたわけではありません。ブッダはただ樹の下に座って自らに言い聞かせました。「私は自分の心を認識するまでここに留まるつもりだ」。ブッダの心の根本的な性質は、私たち個々の心の根本的な性質とまったく同じです。

ラマナ・マハルシは突然の死への恐怖に襲われた時、その場に横たわってただ自問しました。

「私自身の根本的な性質とは何か？　私自身から取り除けないのは何か？　この肉体が死んだら意識はどうなるのか？」。言い換えれば、彼は自発的に「自己探査」のプロセスに取り組んだのです。

人々の困難と不服に対する思いやりのある譲歩として、すべての偉大なスピリチュアルおよび宗教的伝統は、心を磨き、その源や本質における最終的な沈静に備えさせるための様々な規律と実践を列挙してきました。

ラマナ・マハルシは、これらの漸進的な手段をすべて回避し、現在の経験から自分の心の根本的な性質に直接向かうことで、ダイレクト・パスを私たちの時代に復活させたのです。

現代はダイレクト・パスの時代です。

第7章　栄光の雲をたなびかせて

リア王を演じるジョン・スミスという俳優を想像してみましょう。ジョン・スミスは無限の気づきを、リア王は有限の心《マインド》、あるいは見かけ上の分離した自己を表しています。

ジョン・スミスとリア王が二つの異なる自己ではなく、むしろ後者が単に前者によって「自己想定」された想像上の制限にすぎないのと同じように、無限の気づきと有限の心も二つの異なる実体ではありません。有限の心は単なる想像上の制限であり、客観的な経験を明白にするために無限の気づきによって「自己想定」されています。

ある夜、ジョン・スミスは自分の役をあまりにも効果的に演じたために、自分が本当は誰なのかを忘れた結果、自分をリア王だと信じてしまったと想像してみてください。リア王が自分はジョン・スミスだと気づき、苦悩から解放されるためには何をしなければならないでしょうか？　実際のところ、リア王という実在の人物は存在しないので、リア王には何もできません。

リア王がジョン・スミスになるために何かをしなければならないと示唆することは、リア王が自分自身を独立して存在する人物または実体であると信じていることを立証することになり、したがって彼の苦しみの原因を微妙に永続させることになります。しかし、リア王が何もしなければ、彼は単にリア王のままであり、少なくとも彼自身の想像上の観点からはそうしているように見え、その結果、苦しみ続けることになるでしょう。

この場合、リア王は対象、物質、活動、心の状態、人間関係の獲得を通じて苦しみからの解放を求め続けることになりますが、終わりのない探求は、彼の不幸をさらに悪化させるだけでしょう。

したがって、リア王が自分はリア王であると信じている限り、彼にはすべきことがあります。実際、リア王が苦しみを和らげるための何らかの活動をせずに存在することは不可能です。もし私たちが苦しんでいれば、定義上、すでに客観的な経験の中で幸福を絶え間なく探し求めているので、「何もしない」という選択肢はありません。客観的な経験の中に幸福を求めることは、見かけ上の分離した自己を定義する活動なのです。

そのような苦境にある人への思いやりのある譲歩として、非二元の教えは苦しんでいる人を直接的または間接的に、自分自身の中にある安らぎと幸福の源に導く何らかの活動や実践を提案します。

もし苦しんでいる人が十分に成熟していれば、教えはその人の注意を、切望する安らぎと幸福がそこにある、その人自身の心の源や本質へと直接導くことでしょう。

しかし、その人の心が客観的な経験の中に幸福を求めることに慣れすぎていて、経験の対象から目を背けて主観的な源に向かうほど安定していなかったり成熟していない場合、この教えはその人の心が最終的にそれ自体の本質に戻って消滅するための準備を目的とした、何らかの中間的な実践を与えるかもしれません。

これらの準備の実践には、経験の対象への執着から注意を解放する目的で、肉体と心を鍛えることが含まれます。その注意が少なくともある程度、客観的な経験の中で安らぎと幸福を追い求める習慣から浄化された時、心は自分が切望する安らぎと幸福をどこに見出せばいいのかに関して、ほんのわずかなヒントを必要とするだけになります。「私は誰か?」「私は気づいているか?」といった問いかけで十分でしょう。

そのような予備的な実践はすべて、スピリチュアルな探求者の様々な傾向、能力、成熟度に対する正当かつ適切な解決策であり、遅かれ早かれ、心の制限を取り除くことに繋がるはずです。

心が本来の安らぎ、明晰さ、輝きを認識することによってその源に直接戻るダイレクト・パスは、すべてのスピリチュアルな実践の本質、頂点であり、あらゆる偉大なスピリチュアルおよび宗教的伝統の核心に見出すことができます。

＊　＊　＊

リア王の話に戻りますが、王国の問題に深く関わっているにもかかわらず、それでも彼の心は自らの本質を熟考するのに十分に成熟していると仮定しましょう。

リア王は自分がジョン・スミスであることを認識するために何をすればよいでしょう？　彼は自分の心の本質について、自問するだけでよいのです。「私は本当は誰なのか？　私の経験を知り、気づいているのは何か？　私は気づいているだろうか？」と。

これらの質問のそれぞれが、リア王を自分の経験の客観的な内容、つまり娘や廷臣たちとのドラマから遠ざけ、彼自身の心の本質、つまり「気づいていること」というシンプルな経験や気づきそのものへと導くことでしょう。言い換えれば、これらの質問のそれぞれが、リア王をジョン・スミスとしての彼自身の知識に近づけるということです。

リア王が自分自身の心の層を遡り、思考、心象、記憶、感情、感覚、知覚など、本質的でないものをすべて捨てていくと、彼の心の本質が一見曖昧な状態から現れ始めます。ある時点で、余分な知識と経験がすべて捨て去られた時、「私はジョン・スミスだ」という知識が明らかになるのです。

しかしながら、ジョン・スミスを認識しているのはリア王ではありません。ジョン・スミスだけが、ジョン・スミスであるという経験を持っています。

ジョン・スミスは一人の人間なので、「私はジョン・スミスである」という知識は非二元的な知識であり、主客関係は生じません。知っているジョン・スミスは、知られているジョン・

スミスです。知っている「私」は、知られている「私」です。ジョン・スミスは自分自身を知るために何かをしたり、どこかへ行く必要はありません。彼は単に自分自身であることによって自分自身を知っています。

同様に、気づきだけが気づきに気づいています。有限の心は、それ自体が実体ではありません。それ自体としては存在しないのです。心とは客観的な知識や経験を知るために気づきが行う活動であり、ちょうどリア王とはそのドラマを表現するためにジョン・スミスが行う活動であると言えるのと同じことです。

ジョン・スミスがジョン・スミスであることをやめたり、リア王になったりしないのと同様、気づきが気づきであることをやめたり、有限の心になったりすることはありません。そして、ジョン・スミスを知っているのがリア王ではないのと同じように、無限の気づきになったり、無限の気づきを知ったりするのは、決して有限の心ではありません。

バルヤニはこう述べています。「神自身を除いて神を見る者はおらず、神自身を除いて神に達する者はおらず、神自身を除いて神を知る者はいない。神は神自身を通じて神自身を知っており、神は神自身によって神自身を見ている。神以外に神を見る者はいない」。

＊　＊　＊

リア王とジョン・スミスがそれぞれ「私」と言う時、彼らは同じ本質的な「私」を指していますが、リア王にとってこの「私」は色付けされ、思考、感情、感覚、知覚によって見かけ上で制限されているのに対し、ジョン・スミスにとっての「私」は、ありのままにはっきりと輝いています。

現実には、リア王の自己というのは、ジョン・スミスの真で唯一の自己です。有限の心や見かけ上の分離した自己の「私」というのは、無限の気づきの真で唯一の「私」なのです。

マイスター・エックハルトは「私が神を見る目は、神が私を見る目と同じだ」と言っています。

すべての経験がその周りを回っている、見かけ上の分離した自己や有限の「私」も、永遠で無限の気づきである真で唯一の「私」であり、つまり「私は在る」という知識として私たちそれぞれの心の中で輝いている神の無限性、「自己気づき」の存在である「私」なのですが、一時的に思考、心象、感情、感覚、知覚によって色付けされても、自分自身以外の何かとして存在したり、何かになることは決してありません。

永遠で無限の気づき、すなわち神の無限性や「自己気づき」の存在ではない自己が、これまでに誕生したことはありません。そう信じることは神への冒瀆《ぼうとく》です。

あるのは無限の気づきだけですが、有限の心が自分自身の活動を仮定することによって、自らの活動で自らを覆い隠し、自らには多種多様な対象や自己があるように見えたとしても、実際には自らの永遠で無限の存在以外の何かとして存在したり、何かになったり、何かを知ったりすることはありえません。

私たちが永遠で無限の気づき、すなわち神の無限性や「自己気づき」の存在であることを知るために、分離した自己を根絶する必要はありません。排除すべき分離した自己など存在しないのです。分離した自己を解消したり消滅させようとする試みは、単にその幻想的な存在を永続させるだけです。分離した自己を律することは、分離した自己を維持することなのです。

分離した自己は、それ自体の幻影的な観点からのみ存在しているように見える幻想です。しかしながら、すべての幻想には現実があります。見かけ上の分離した自己や有限の心の現実は、無限の気づきです。

無限の気づきの現実を見ることは、見かけ上の分離した自己や自我の死または消滅です。これは禅の伝統では大死と呼ばれています。キリスト教の伝統においてはキリストの十字架上の死によって表されます。

この時点まで、自己と心を同一視してきたために、分離した自己や自我は有限の心と同等とされてきました。しかし、私たちは今、自分自身を分離し独立した存在だと信じている有限の心、つまり分離した自己や自我と、そのような信念や感情をすべて捨て去り、その結果、自分自身の現実を知って輝いている心とを区別しなければなりません。

後者の場合、有限の心は純粋な気づきの源や本質から生じ続けますが、その分離と制限の感覚は、この「自己認識」の明白な光の中で中和されています。私たちを誤解させるその能力は習慣の力によってしばらく残るかもしれませんが、それが消えるのは時間の問題です。

インドの聖者アートマナンダ・クリシュナ・メノンが、自分の本性が確立されたのをどうすれば知ることができるかと尋ねられた時、「思考、感情、感覚、知覚が、もはやあなたを連れ去ることができなくなった時」と答えたと言われているのは、このためです。

＊　＊　＊

分離した自己または自我の死や消滅に言及することは、せいぜい、それ自体が独立した存在であるという心の信念に対する譲歩にすぎません。多くの場合、それは誤解です。

実際のところ、リア王が本当には存在しなかったために消えたとは言えないのと同じように、独立して実在する実体や心はそもそも存在しなかったため、心が消失したとか消滅したとは言えません。

リア王は幻想です。しかしながら、すべての幻想と同じように、彼にも現実があります。リア王の現実はジョン・スミスです。リア王からすべての幻想が取り除かれた時、ジョン・スミスがありのままに現れます。言い換えれば、ジョン・スミスに新しい知識は加えられていませんん。彼から無知が取り除かれただけです。

私たちの本質的な認識、「自己気づき」の存在、すなわち自己を知っていることは、無知がそこから取り除かれた後に輝く「自己知識」です。

無知の除去とその結果としての真の知識の夜明けは、様々なスピリチュアルの伝統においては目覚め、悟り、自己実現、救済、光明、解放、涅槃《ねはん》、解脱《げだつ》、菩提《ぼだい》、般若《はんにゃ》などと呼ばれています。

しかしながら、これらの用語は私たちの自己についての直接的かつ親密な知識にある程度のエキゾチックな、または馴染みのないものを与える傾向がありますが、ところが実際には、私たち自身の存在を知ることほど、特別なことは他にありません。

客観的な経験だけに注意を向けることに慣れている心にとって、この非客観的な認識は心や肉体に深いリラックスの波を引き起こし、生涯に渡って蓄積してきた難題や緊張などから解放される可能性があります。

これらの緊張が解放されると、心や肉体に特別な効果が引き起こされるかもしれませんが、そのような外部の兆候を、よくあることですが、私たち自身の存在というシンプルな認識と混同すべきではありません。

あるいは、この認識は非常に静かに起こるので、しばらくしてから起こった変容に心は気がつかないかもしれません。

かつて禅師の鈴木俊隆《しゅんりゅう》が、なぜ自分の悟り体験について言及しないのかと尋ねられた時、ホールの後ろに座っていた彼の妻が立ち上がってこう言いました、「彼にはそれがなかったからです！」。私たちの本性を認識することは、エキゾチックな経験ではありません。確かに、それはまったく経験ではないのです。

この認識では、私たちの根本的で還元不可能な「自己気づき」の存在が、シンプルにその見かけ上の制限を失うことで、オープンで、透明で、輝き、不滅、不生、不死というその現実が明らかにされます。

そのような心が、気づきの核心から再び立ち上がって客観的な経験の領域に足を踏み入れる時、それはワーズワースが言ったように、「栄光の雲をたなびかせて」ということになります。

つまり、それは気づきの本質的な特質である、揺るぎない安らぎと理由のない喜びに満たされたままの気づきから立ち上がり、これらの特質を人類が利用できるようにするのです。

第8章　気づきの海

もし気づきを海に例えるなら、思考は海面に生じる波、感情は海の中を流れる潮流と言えるでしょう。波や流れにあるのは海の動きや活動だけであることと同じように、心《マインド》にあるのは気づきの動きや活動だけです。

深海は常に静かですが、同様に気づきの核心も常に静かで安らいでいます。

このため、心が切望する安らぎを見つけるためにしなければならないことは、気づきの核心に沈み込むことだけです。ルーミーはこう言いました。「拡大し続ける存在の輪を、下へ下へと流れて行く」*。

＊コールマン・バークスによる英訳。

波や潮流が海の奥深くへ「下へ下へ」と流れると、ある地点で静かになるまでは「広がり」、そして撹拌（agitation ＝動揺）はなくなります。そこには活動や動きはなく、波や流れは形を失い、その結果、その制限もなくなります。

波や潮流は消えていません。それらは、もともと存在していないのです。波や流れは単なる水の動きです。

波や潮流が現れても「水」は現れず、それらが静まっても「水」は消えません。波や流れが現れる時、「存在」の中に新しく生じるものは何もなく、それらが消える時、「存在」から取り除かれるものは何もありません。

同じように、心がその本質へと徐々に沈み込むにつれて、心は静まり、拡大していきますが、それはつまり、心の中にある有限で、条件付けられ、制限されたすべてのものが取り除かれ、その根本的で還元不可能な本質として、すなわち明晰で、輝く、静かな気づきとして、自らに現れるということです。

心の波が思考、心象、感情、感覚、知覚という形で上昇する時、新しく現れるものは何もなく、それらが静まった時、現実に消えるものは何もありません。

『バガヴァッド・ギーター』第二章二十節では、「存在するものは決して終わることはなく、存在しないものは決して生じない」と述べています。

海の表面の波やその中を流れる潮流が、それ自体の中で動いている形のない水にすぎないのと同じように、すべての思考、心象、感情、感覚、知覚は、気づき自体の中で振動している気づきにすぎず、客観的な経験の多種多様性としてそれ自体に現れてはいるものの、それ自体以外の何かであることや、何かを知るのをやめることは決してありません。

＊　＊　＊

私たちのそれぞれの心は、無限の気づきの見かけ上の制限です。波や潮流が形のない海に一時的に出現するように、私たちの心の一つひとつが、無限の気づきを暫定的に制限することで、その結果として一時的な名前や形を与えているのです。

有限の心とは、無限の気づきが顕現を見かけ上の存在にもたらすために自由に行う活動です。有限の心の形をとると、無限の気づきには自らが制限されているように見え、そうするとそれは分離した経験の主体となり、その観点からはそれ自体を分離した対象、他者、または世界として知ることができます。

瞑想はこの過程の逆転です。有限の心の活動が静まると、気づきには何も起こらず、単に一時的な名前と形を失うだけです。

カシミール・シャイヴィズムのタントラの伝統において、私たちが落ちる道は登る道であると言われているのはこのためです。無限の気づきが有限の心の形をとる経路は、同じ経路を反対方向に進めば、有限の心がその制限を失い、無限の気づきとして現れるということなのです。

そうすることで、創造を顕現するために最初は自由に想定した制限が、ほとんどの場合は徐々に、しかし時には突如として取り除かれます。

ダイレクト・パス、つまり「自己探査」「自己停留」「自己放棄」という道なき道は、根本的で還元も分割も破壊することもできない純粋な気づきという揺るぎない本質が自らにありのままに現れるまで、有限の心が自由に想定してきた制限を取り除くための手段です。

外側に向かう顕現という過程でも、内側に向かう無限の気づきという本質に戻る道でも、有限の心がそれ自体のみで存在することは決してありません。

有限の心や分離した自己というような実体はありません。有限の心とは、無限の気づきが自由に行う活動であり、その活動を通して、無限の気づきは自らを世界として知っています。したがって、有限の心は神の無限の存在の代理であり、決してそれ自体に実体はないのです。

現実はただ一つで、それは無限で分割不可能で「自己気づき」の存在であり、それ自体以外にそれ自体を制限したり分離したりできるものは何もなく、すべての対象や私たち自身はその唯一の現実から見かけ上の存在として派生しています。

無限の気づきは、有限の心になるために無限の気づきであることをやめることは決してありません。それは自らの活動で自らを着色し、自らを制限しているように見えるだけです。あるのは気づきとその気づきの色だけであり、気づきの不在はありえず、他の心や自己の存在も決してありません。

波は、他の波の中に安らぎと充足を見つけることはできません。継続する安らぎと充足を見つける唯一の方法は、自らの深みへと沈み込むことによって、その撹拌を徐々に失うこと、それだけです。

＊　＊　＊

同様に、見かけ上の分離した自己や有限の心が永続的な安らぎと充足を見出すことができる唯一の場所は、自らの存在の奥深くにあります。客観的な経験の中に安らぎと充足を切望する分離した自己や有限の心は、水を求める海の中の潮流のようなものです。

安らぎと充足への探求は、対象、物質、活動、心の状態や関係を得ることによって、一時的に緩和されることがありますが、完全に満たされることはないため、結果として新しい経験が終わったり消えてしまうと、すぐに再浮上してきます。

分離した自己や有限の心が自らの内へ深く潜る時にのみ、それが切望する休息、安らぎ、充足を見つけることができます。

有限の心や分離した自己は幻想であり、それ自体の幻影的な観点からのみ実在するように見えるだけです。しかしながら、これは有限の心や分離した自己が存在しないという意味ではありません。単にそれは、実在するように見えるものではないということです。

あらゆる幻想には現実が含まれており、もし私たちが幻想を経験しているなら、定義上、その現実を経験していることになります。スクリーンを見ることなく、映画を観ることはできないのです。

分離した自己の「私」も、無限の気づきの真に唯一の「私」ですが、経験の客観的な性質と混合されているように見えるために、見かけ上の制限があるのです。

この気づきの見かけ上の制限によって、気づきの中に本来は内在している安らぎにも制限が生じます。すべての分離した自己の第一の動機が安らぎや充足を見出すことであるのは、このためです。

大多数の人々のハートに息づく分離という傷は、気づきからの招待状であり、心《マインド》をその源であり本質である安らぎと充足のある内側へと引き寄せます。

注意や心《マインド》が対象に向けられた気づきであるのと同様に、私たちの切望や帰依は他者や神に向けられた愛です。そして心が望む安らぎと幸福が注意の源に息づき、決してその先の運命にあるのではないのと同じように、ハートが切望する愛もその切望の源泉にあるもので、決してその先の充足には存在しません。

このように、私たちの切望は、切望の実質そのものに起因し、成り立っています。十六世紀のイタリアの修道士が語った言葉です。「主よ、あなたは私があなたを愛する愛そのものです」。

注意をその源に戻すことが瞑想の本質であり、帰依や切望をその源泉の中に溶かすことが祈りの核心です。

安らぎと幸福を求める心《マインド》と、愛を切望するハートは、その本質において静まるか、溶けなければなりません。

私たちは死ぬ前に死ななければなりません。

「気づいていることに気づいていること」の中には、分離した自己のための余地はありません。ただ永遠で無限の気づきだけがあり、それ自体の生来の安らぎや無条件の充足した存在として休息しています……それは自らのみを知り、存在し、愛します。

ルーミーはそれをこう言いました。「あなたの愛の存在の中で、私は非存在となる。このあなたに繋がる非存在は、私がこれまで存在の中で見つけた何よりも素晴らしい」。

「気づいていることに気づいていること」、つまり私たち自身の根本的で還元不可能な存在を「知っていること」において、心《マインド》はその動揺を失い、ハートはその切なる思いから解放されます。

その存続するものに名前を付けることができないのは、あらゆる名前は知識や経験という対象を指すことになるからですが、それでもそれを、すべての心《マインド》は求め、すべてのハートは切望するのです。

訳者あとがき

探求者としての私がノンデュアリティに出会った時、「ずっと探していた究極の真実はこれのことだった」という確信がありました。オーラやチャクラ、ヒーリングやチャネリング、宇宙人やハイヤーセルフでは満たすことのできなかった何かをとうとう探し当てたと思ったのです。その当時、つまりノンデュアリティ入門当時の私が夢中になって観ていたのがルパート・スパイラさんの動画でした。

なぜスパイラさんの動画ばかり観ていたのか……その理由について改めて考えてみたところ、次のような理由が思い当たりました。

まず、外見や話し方に特徴のあるノンデュアリティのティーチャーもいる中で、スパイラさんは知的で物腰穏やか。余計な抵抗感を抱かせることなく「この人の話を聞いてみたい」という気持ちにさせてくれます。

また、彼の話し方は理路整然としていて、思考を逆なでることがありません。ノンデュアリティとは、思考で捉えることができない何かに関することであり、この本のテーマとなっている「気づき」もまた思考では捉えられません。その一方、私とは自我のことであり、自我とは思考と感情です。つまり、私が私であることと思考しないことは両立しないのです。

これがノンデュアリティの本質であり、難しさであり、とっつきにくさでもあるのですが、その「とっつきにくさ」を緩解させてくれるのがスパイラさんです。「思考によらない認識」が何なのか見当が付かなくても、スパイラさんの話を聞くうちに自然と、心では捉えられない何かへ意識が誘われていきます。

本物のスピリチュアリティとは何か。そのような疑問を持つ誰をも真実への入り口に立たせてくれる、それがノンデュアリティだと私は思っています。扉をくぐった後にどちらへ向かうかは探求者の（見かけ上の）好みや性格にもよるのでしょうが、扉のありかを教えてくれたのが、私にとってはスパイラさんでした。

最後に、編集の川満秀成さん（川満さんのお仕事を拝見すると必ず"impeccable"という言葉が脳裏をよぎります）、ナチュラルスピリットの今井社長に言葉ではし尽くせない感謝を捧げます。

令和六年節分

福田カレン

■ 著者

ルパート・スパイラ（Rupert Spira）

幼少の頃から現実の本質に多大な関心を寄せていた。17 歳から瞑想を学び始め、フランシス・ロールス博士の指導の下、古典的なアドヴァイト・ヴェーダーンタの伝統を 20 年にわたって研究、実践した。その間、ピョートル・ウスペンスキー、ジドゥ・クリシュナムルティ、ルーミー、シャンカラチャリヤ、ラマナ・マハルシ、ニサルガダッタ・マハラジ、ロバート・アダムスらの叡智を探究し、1997年に師となるフランシス・ルシールに出会う。ルシールの導きにより、ジャン・クライン、アートマナンダ・クリシュナ・メノンらの教えに触れ、さらには経験の真の性質を知るに至る。現在はイギリスに暮らし、ヨーロッパおよびアメリカ各地で、ミーティングやリトリートを定期開催している。

■ 翻訳

福田カレン（Fukuda Karen）

通訳者・翻訳家、映画字幕・配給。15 年来のフルータリアンで、1 日 1 食。翻訳書に『自己とは何か』、著書に『魂の医療』（いずれもナチュラルスピリット刊）など、字幕を手掛けた映画作品に『気づきの一瞥』『真実のアヤワスカ』『Who We Are?』などがある。